Elisabeth Raether

ZEIT MAGAZIN

WOCHENMARKT

VEGETARISCH

Genießerrezepte für jede Jahreszeit

riva

INHALT

HERBST 105

Gibt es eine Gratin-Diät?

WINTER 137

Übrigens reicht es schon, sich halbwegs gesund zu ernähren

VORWORT

Man muss gar nicht Vegetarier sein, um vegetarisch zu essen. Das hat sich herumgesprochen. Ich glaube, es gibt dafür ein Wort: Flexitarier. Aber um ehrlich zu sein, habe ich in meinem ganzen Leben noch niemanden gehört, der sagt: Ich bin Flexitarier, und du so? Es gibt auch kein sinnvolles Wort für Leute wie mich, denen es gar nicht so wichtig ist, wie man sie nennt. Ich esse alles: Gemüse, Fleisch, Tofu – Seitan auch gern. Ich esse mittags Tagliatelle mit Bolognese und abends ein gebratenes Huhn und dann wieder zwei Wochen lang gar kein Fleisch ... oder eine Woche oder zehn Tage. Ich achte nicht darauf. Wobei ich mich schon frage, ob es sinnvoll ist, in einem Vorwort zu einem vegetarischen Buch von Tagliatelle mit Bolognese zu schwärmen. Ist es nicht vielmehr auch eine Lebenseinstellung, vegetarisch zu essen, als nur ein Geschmack? Ist Konsequenz nicht eine wichtige Sache? Ja, ja, ja – aber nicht in meiner Kochkolumne. Sie erscheint jetzt seit 2011 jede Woche im *ZEITmagazin*. Sie hat schon einiges mitgemacht, und das einzig Konsequente dieser Kolumne ist, dass sie strikt meinem persönlichen Geschmack folgt. Also gibt es sehr gern Fenchel, aber niemals Topinambur.

Die Kolumne muss sich der reinen Willkür meines Appetits fügen. Eine Zeit lang wollte ich vor allem Süßes essen, was vielleicht daran lag, dass ich schwanger war. Dann liebte ich Suppen, wie man sie in Italien isst. Später hatte ich eine Risotto-Phase. Mal konnte ich eine Weile lang keine Pasta mehr sehen, also verschwand sie. Irgendwann kam sie wieder.

Doch ich habe aus Anlass dieses Buchs, das viele schöne vegetarische Rezepte versammelt, einmal herausfinden wollen, wie viel Fleischgerichte es nun wirklich in meiner Kolumne gibt. Ich führe seit Anbeginn eine Tabelle mit sämtlichen Rezepten, die erschienen sind. Ende des Jahres 2023 waren es 672. Und von allen Rezepten waren jedes Jahr etwa 5 bis 8 Rezepte mit Fleisch oder Fisch. Falls ich mich nicht verzählt habe, also 10 bis 15 %. Und diese Zahl bleibt seit Jahren konstant.

Haben sich in diesen zurückliegenden Jahren die Diskussionen über Fleischkonsum nicht massiv zugespitzt? Sagen nicht ständig alle Leute: Ich esse doch schon ganz wenig Fleisch! Haben nicht viele Menschen ständig ein schlechtes Gewissen? Mein Appetit schlafwandelt durch diese Debatten hindurch. Er lässt sich nicht aus der Ruhe bringen. Mal gibt es eben Fleisch, mal nicht.

Ich glaube aber, dass es eigentlich vielen Menschen so geht. Man will bewusst leben, aber man will gar nicht zu einem Lager gehören. Man will nicht von Beruf Vegetarier sein. Man isst das, was man mag. Und man will vor allem genießen, einen schönen Moment erleben, wenn man vor einem Teller sitzt, vielleicht mit anderen zusammen, vielleicht auch allein, gerade dann, wenn vielleicht der Rest da draußen nicht so ideal ist.

Für mich wäre es eine große Freude, wenn dieses Buch dazu beiträgt, Ihnen solche Momente zu bescheren.

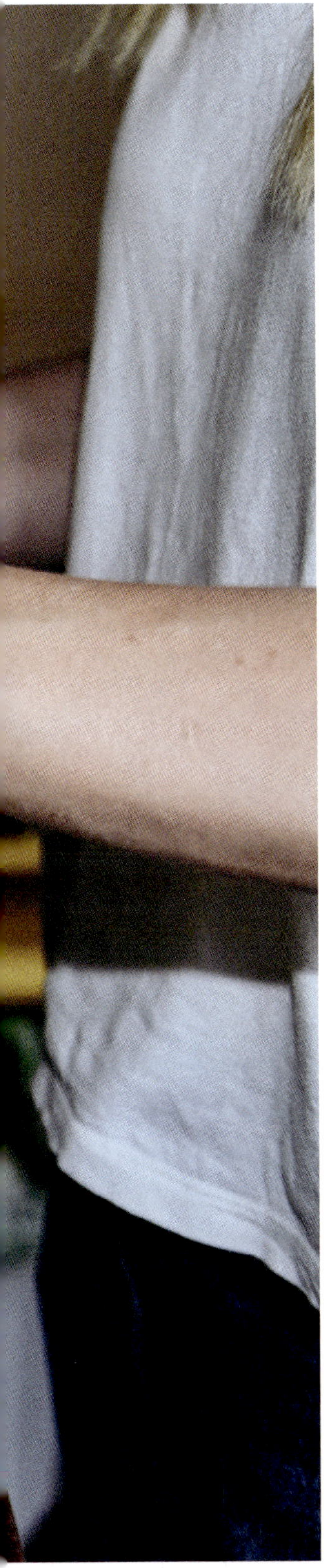

FRÜHLING

Im Frühling muss nicht alles knackig sein

FRITTATA AUS RADIESCHENBLÄTTERN

Zutaten für 2 Personen
Blätter von 2 Bund Radieschen, 2 Eier, 2 EL frisch geriebener Parmesan (vegetarische Variante), je 1 Prise Salz und Pfeffer, 1 Spritzer Öl zum Braten

Radieschenblätter verhalten sich korrekt, wenn sie sich, sobald die Radieschen aufgegessen sind, widerstandslos in den Mülleimer befördern lassen. Es gibt aber ein Kochbuch, das *The Zero Waste Cookbook* von Giovanna Torrico und Amelia Wasiliev, das behauptet, dass die Daseinsberechtigung von Radieschenblättern keineswegs so einfach erlischt. Am Anfang fühlt es sich verkehrt an, so als ginge man aus Versehen in Hausschuhen auf die Straße (etwas sehr viel Verrückteres habe ich persönlich in meinem Leben leider bisher nicht getan). Aber Radieschenblätter schmecken sehr gut. Keine Ahnung, warum es nicht als normal gilt, sie zu essen – obwohl ... Das ansonsten wirklich wunderschöne Kochbuch empfiehlt auch, mit Bananenschalen seine Lederschuhe zu putzen. In dem Fall bleibe ich, glaube ich, bei meinen durch Unwissen geprägten Vorbehalten. Die Radieschenblätter gut waschen. Wasser aufkochen, die Hitze etwas reduzieren, die Blätter etwa 2 Minuten lang ins kochende Wasser geben. Mit einem Schaumlöffel herausheben, in ein Sieb geben, kalt abschrecken und mit der Hand das Wasser rausdrücken, Blätter fein hacken. Eier, geriebenen Parmesan, Salz und Pfeffer gut vermengen. Blätter dazugeben. Öl in einer kleinen Pfanne erwärmen, Eiermischung hinzugießen. Frittata 10 Minuten lang bei schwacher Hitze garen. Auf einen Teller stürzen, wieder in die Pfanne gleiten lassen, sodass nun die Oberseite der Frittata am Pfannenboden liegt, und noch mal einige Minuten lang garen.

PASTA MIT SPARGELCREME

Zutaten für 3 Personen
250 g Pasta (kurze, z. B. Rigatoni oder Calamari), 1 kleine Zwiebel,
5 EL Olivenöl, Salz, 450 g grüner Spargel, ein paar Blättchen Basilikum,
schwarzer Pfeffer, 70 g Parmesan (vegetarische Variante)

Wenn man ein knackiges, frisches Spargelrezept sucht, ist dieses hier nicht das richtige. Diese Pasta ist das Gegenteil von knackig: Sie ist cremig, üppig, genießerisch. Aber nur weil Frühling ist, muss ja nicht alles knackig sein. (Wer fühlt sich schon immer knackig?) Zumal Frühling in Deutschland ehrlicherweise auch heißt: 6 °C, später eventuell Schneeregen. Diese Pasta ist also ein Gericht für die folgenden Tage, wenn man aus Trotz den Schal nicht mitnimmt und dann abends durchgefroren nach Hause kommt.

Zunächst gesalzenes Wasser für die Pasta aufsetzen; sobald es kocht, Pasta hineingeben. Währenddessen Zwiebel schälen und fein schneiden, in einer großen Pfanne in Olivenöl ungefähr 5 Minuten lang mit etwas Salz glasig dünsten. Spargel waschen, die hölzernen Enden abschneiden. Stangen in etwa 1 cm große Stücke schneiden, die Köpfe im Ganzen lassen. Dann die Spargelstücke (ohne Köpfe) zur Zwiebel geben. 1 Kelle von dem Pastakochwasser hinzugießen und das Ganze ein paar Augenblicke köcheln lassen. Die Spargelköpfe dazugeben. Deckel der Pfanne schließen und den Spargel vor sich hin schmurgeln lassen. Wenn Zwiebeln und Spargel weich sind, hebt man mithilfe eines Esslöffels alles aus der Pfanne, was kein Spargelkopf ist, und gibt es in ein hohes Gefäß, wo es mit dem Pürierstab püriert wird, und zwar unter Zugabe der Basilikumblättchen. Die hellgrüne Creme schmeckt man mit Pfeffer und Salz ab und gibt sie zusammen mit den gar gekochten Nudeln zu den Spargelköpfen. Jetzt gießt man noch mal 1 (kleine) Kelle vom Kochwasser in die Pfanne und lässt das Ganze etwas einkochen bei niedriger Temperatur. Zum Schluss frisch geriebenen Parmesan unterrühren.

KAROTTENPUFFER MIT JOGHURTSOSSE

Zutaten für 4 Personen
500 g Karotten, 4 Eier, 1 Handvoll Dill, 1 TL scharfer Senf, 60 g Mehl,
1 Prise Salz, schwarzer Pfeffer, reichlich Olivenöl, 250 g Joghurt (3,5 % oder 10 % Fett),
Saft von ½ Zitrone, Tahini (Sesampaste; nach Belieben)

Zunächst möchte ich beklagen, dass das Wort Puffer, das man im Deutschen für geriebenes und dann gebratenes Gemüse verwendet, das Bezeichnete nicht ernst zu nehmen scheint. So klingt es jedenfalls. Dabei sollte man dankbar sein für diese Verarbeitungsmethode, die sich für fast jedes Gemüse – Rote Bete, Erbsen, Lauch oder eben Karotten – eignet. Denn als Puffer gebraten, schmeckt Gemüse gar nicht mehr so gemüsig. Ich weiß, Gemüse ist ganz toll. Ich würde auch nie etwas Schlechtes über Gemüse sagen. Aber wenn man sich gesund ernähren will, isst man ständig Gemüse, und manchmal fühlt man sich wie ein Hase. Mit dem Olivenöl, in dem man diese Karottenpuffer brät, kann das nicht passieren. Ich lege meine Hand dafür nicht ins Feuer, aber ich glaube, gesünder als ein Jägerschnitzel ist das Ganze trotzdem noch. Karotten schälen, die Enden abschneiden. (Das angegebene Gewicht bezieht sich auf die derart vorbereiteten Karotten.) Karotten fein reiben. Man kann sie auch grob reiben, aber ich finde es besser, wenn die Teigmasse eher homogen ist. Karottenraspel mit den Eiern gut verrühren. Dill fein hacken und dazugeben. Petersilie oder Koriander sind auch geeignet, oder eine Mischung. Senf und Mehl unterrühren und die Masse salzen und pfeffern. In einer Pfanne reichlich Olivenöl erhitzen – mindestens sollte der ganze Pfannenboden mit Öl bedeckt sein. Mit einem Esslöffel die Puffer in die Pfanne setzen. Sie sollten einen Durchmesser von 5 bis 6 cm haben. Zu dick sollten sie nicht sein (ideal sind etwa 0,5 bis 1 cm), sonst werden sie außen schwarz und bleiben innen roh. Die Puffer von beiden Seiten bei mittlerer Hitze einige Minuten lang knusprig braten. Ich lasse sie etwas brauner werden als erlaubt, weil ich, wie schon einige Male beschrieben, eine unerklärliche Schwäche für Verbranntes habe. Für die Soße das Joghurt mit 1 Prise Salz und Zitronensaft vermengen. Eventuell fügt man noch ein bisschen von der arabischen Sesampaste namens Tahini hinzu. Die Soße zu den Puffern servieren, ebenso wie einen grünen Salat.

Shakshuka exotisch – mit deutschem Kümmel

GRÜNES SHAKSHUKA

Zutaten für 2 Personen
400 g Mangold, ½ TL Kümmelkörner, 1 mittelgroße Zwiebel,
½ TL Chiliflocken oder ½ kleine Chilischote, Salz, Olivenöl, 2 Eier,
etwas Saft von 1 Zitrone, etwas Dill

Der arme deutsche Kümmel ist ganz schön ins Hintertreffen geraten, seit der orientalische Kreuzkümmel sich hierzulande breitmacht. Und das, obwohl sie sich geschmacklich überhaupt nicht ähneln und die Pflanzen botanisch nichts miteinander zu tun haben. Als ich in meiner Kolumne mal ein Gericht mit Kümmel vorgestellt habe, fragten mich einige Leser, ob ich nicht Kreuzkümmel meinte und wie provinziell und ignorant fremden Kulturen gegenüber man eigentlich sein könne, Kreuzkümmel nicht zu kennen. Zweierlei Schlussfolgerungen: Zum einen bin ich wohl doch etwas nachtragend, dass ich mir so etwas merke. Zum anderen ist jetzt offenbar das Heimische das Unerwartete, weshalb ich dieses Shakshuka mit Kümmel »exotisiere«. Shakshuka wiederum ist ein nahöstliches Gericht, das zum Frühstück gegessen wird und sich auch besonders gut als zweites Frühstück eignet oder als Mittagessen. Es besteht normalerweise aus gebackenen Eiern und geschmorten Paprikaschoten, die ich hier durch gedünsteten Mangold ersetzt habe, weil der Frühling bald anfängt.
Mangold waschen. Blätter von den Stielen trennen, dann Blätter in feine Streifen und Stiele in Scheiben schneiden. Kümmel in einer beschichteten Pfanne kurz anrösten, etwas abkühlen lassen und im Mörser möglichst fein zerstoßen. Zwiebel schälen und fein schneiden. Die Mangoldstiele zusammen mit den Zwiebeln, Kümmel, Chiliflocken (oder fein gehackter Chilischote) und Salz in der Pfanne mit Olivenöl ungefähr 5 Minuten lang andünsten. Mangoldblätter dazugeben und alles weitere 5 Minuten lang dünsten. Dann mit einem Löffel 2 Mulden im Gemüse bilden, Eier aufschlagen und vorsichtig hineinsetzen. Bei schwacher Hitze ohne Deckel garen, ungefähr 7 Minuten lang oder bis das Eiklar weiß geworden ist. Mit etwas Zitronensaft abschmecken, eventuell nachsalzen, fein gehackten Dill darübergeben.

EINTOPF MIT MANGOLD

Zutaten für 4 bis 6 Personen
2 Zwiebeln, 2 Karotten, 1 Fenchelknolle, 5 Kartoffeln, 400 g Mangold,
3 Zweige Thymian, 3 EL Olivenöl (plus ein wenig mehr zum Servieren), Salz,
Pfeffer, 1 Lorbeerblatt, 2 TL Tomatenmark, 1,5 l Gemüsebrühe, 200 g kurze Pasta,
frisch geriebener Parmesan (vegetarische Variante) zum Servieren

Was fällt Ihnen als Erstes ein, wenn jemand Frühling sagt? Aperol Spritz, Barfußgehen auf der Wiese – oder Heuschnupfen vielleicht. Ich denke an einen schönen, deftigen Eintopf. Einziges Zugeständnis an die warme Jahreszeit ist der Mangold, den ich statt Grünkohl verwende. Und wieder: kein Spargel. Die Spargelsaison muss leider weiterhin ohne mich auskommen. Ansonsten besteht dieses Gericht aus den bauch- und seelenwärmenden Stärkeprodukten Kartoffeln und Nudeln, die man meiner Meinung nach unabhängig von der Jahreszeit regelmäßig verzehren sollte. Ich habe außerdem noch einen Tipp, mal aus einem anderen Bereich als der Küche: Nicht nur darf man den Spargelwahn hinterfragen, es ist auch erlaubt, weiterhin Schwarz zu tragen wie im Winter. Pastelltöne sind kein Muss, sobald es draußen über 5 °C ist, weiße Hosen auch nicht, und ich meine hier übrigens Männer genauso wie Frauen.

Zwiebeln schälen, Karotten putzen und schälen, Fenchel waschen und vom Strunk befreien und alle 3 Zutaten hacken. Kartoffeln waschen, schälen und in 2 cm große Würfel schneiden. Mangold waschen, die Stiele abschneiden und in Stücke schneiden. Blätter beiseitelegen. Thymian waschen, trocken schütteln. In einem großen Topf 3 EL Olivenöl erhitzen, darin Zwiebeln, Karotten und Fenchel andünsten. Salzen und pfeffern. Nach 5 Minuten Lorbeer, Thymian, Tomatenmark, Brühe und Kartoffeln dazugeben. Ebenso die Mangoldstiele hinzufügen – die Blätter in Streifen schneiden und beiseitestellen. Die Gemüsemischung im Topf mit Brühe begießen. Brühe aufkochen, Hitze reduzieren und den Eintopf 20 Minuten lang köcheln lassen. Nun die Mangoldblätter und die Pasta in die Suppe geben, eventuell noch etwas Brühe hinzugießen – das Gemüse sollte mit Flüssigkeit bedeckt sein. Noch einmal aufkochen, die Hitze wieder herunterschalten, dann ungefähr 7 bis 10 Minuten lang köcheln lassen, bis die Pasta gar ist. Mit geriebenem Parmesan und etwas Olivenöl servieren.

ITALIENISCHE SPINATKNÖDEL (MALFATTI)

Zutaten für 2 Personen
700 g frischer Spinat, 1 Knoblauchzehe, etwas Olivenöl, Salz,
250 g Ricotta, 80 g Parmesan (vegetarische Variante), 1 Ei, Pfeffer, Muskatpulver,
100 g Mehl (plus etwas mehr zum Verkneten), ca. 40 g Butter

Die Schauspielerin Frances McDormand, Mitte sechzig, sagte einmal in einem Interview: »Erwachsensein gilt heute nicht mehr als erstrebenswert.« Sie meint natürlich uns Frauen, die wir aussehen sollen und wollen wie 15-Jährige und nicht wie die lebenserfahrenen Frauen, die einige von uns eben sind. Ich hoffe aber, dass Frances McDormand auch die Infantilisierung der Gemüsetheke meint. Warum ist Gemüse heute winzig wie Kinderspielzeug? Wer hat uns weisgemacht, dass es besser wäre, harmlose Blättchen namens Babyspinat aus der Tüte zu essen statt der dunkelgrünen, ledrigen, runzeligen, erdigen Lappen, die doch so gut schmecken? Die einfache Antwort darauf ist die, dass es mühsam ist, Spinat zu waschen. Man muss die Blätter von Stielen und Wurzeln befreien, dann legt man sie in eine Schüssel mit kaltem Wasser. Das Wasser wechselt man ein- oder zweimal, bis die Erde abgewaschen ist. Für diese italienischen Knödel, genannt Malfatti, wird der Spinat wie folgt weiterverarbeitet: Die Blätter 5 Minuten lang in kochendem Wasser garen. Abschrecken, abtropfen und abkühlen lassen, mit der Hand das Wasser ausdrücken. Dann die Blätter fein hacken. Den Knoblauch schälen und andrücken. In einer Pfanne Olivenöl erhitzen, Knoblauchzehe dazugeben und den Spinat im Öl kurz schwenken. Salzen und die Knoblauchzehe entfernen. Parmesan reiben. In einer Schüssel Spinat, Ricotta, 60 g Parmesan, Ei, Salz, Pfeffer und Muskat vermengen. Mehl einarbeiten, sodass ein Teig entsteht. Mit bemehlten Händen Knödel von 2 bis 3 cm Durchmesser formen. In einem Topf gesalzenes Wasser zum Kochen bringen. Malfatti hineingeben. Sie sind gar, wenn sie nach oben steigen, nach ungefähr 5 Minuten. Man kann die Malfatti mit geriebenem Parmesan servieren – oder mit einer schnellen Soße: In einer Pfanne (man kann die nehmen, in der man den Spinat erhitzt hat) die Butter zerlassen, 1 Kelle vom Kochwasser der Malfatti dazugeben, etwas Parmesan hineinreiben und die Soße kurz einkochen, bis sie cremig ist.

CAKE MIT KRÄUTERN UND KÄSE

Zutaten für 1 Kastenform mit 26 cm Länge
180 g Mehl, 2 TL Backpulver, 3 Eier, 100 ml Milch, 100 ml Olivenöl,
1 EL Pflanzenöl, Salz, Pfeffer, 200 g Feta (vegetarische Variante), 100 g Gruyère (vegetarische Variante),
3 Handvoll frische Kräuter (Schnittlauch, Petersilie, Basilikum),
Butter zum Einfetten der Form

Es gibt Kochbücher, die den ehrfürchtigen Leser verunsichern, so edel sind sie. Ist so ein Buch möglicherweise beleidigt, wenn ich etwas daraus nachkoche, weil es ja viel mehr sein will als eine Sammlung von Rezepten? Man sieht darin Fotos von überirdisch schönen Köchinnen, die Salatköpfe herzen; die kochenden Männer (die oft nicht ganz so gut aussehen) erklären wortreich ihre Lebensphilosophie und welchen Jazz sie am liebsten hören. Aber es gibt auch noch die Kellerkinder unter den Kochbüchern: die kleinen, schlecht gelayouteten, mit Farbfehlern gedruckten, die man für 5 Euro in den Wühlkisten findet. Aus einem solchen stammt dieser französische »Cake« mit frischen Kräutern – warum die Franzosen das englische Wort für diese herzhafte Variante eines Rührkuchens nehmen, habe ich leider nicht herausgefunden. Man kann ihn gut zum Aperitif essen oder zum Osterbrunch. Probieren Sie es selbst, backen Sie ihn, und erinnern Sie sich daran, was Sie längst wissen: Schönheit ist schön, aber am Ende auch egal.

Den Backofen auf 180 °C Ober-/Unterhitze vorheizen. Mehl und Backpulver gründlich vermengen. In einer anderen Schüssel Eier, Milch, Öle, Salz und Pfeffer gut verrühren. Die Mischung zum Mehl geben, mit den Rührbesen des Handrührgeräts verrühren, bis eine glatte Masse entsteht. Feta in Würfel schneiden, Gruyère fein reiben, Kräuter waschen, trocken schütteln, die Blätter abzupfen und diese hacken. Alles unter den Teig heben. Das Ganze in die gebutterte Kastenform geben. Ungefähr 50 Minuten lang backen und vor dem Servieren abkühlen lassen.

RISOTTO MIT KRÄUTERN

Zutaten für 2 Personen

Für den Fond:
je 1 Zweig Rosmarin, Lorbeer und Salbei,
Grün von 1 Bund Frühlingszwiebeln, 1 l Wasser, Salz

Für den Risotto:
Weiß von 1 Bund Frühlingszwiebeln, etwas Olivenöl, 150 g Risottoreis,
Salz, 100 ml Weißwein, Pfeffer, 70 g frische Kräuter (z. B. Kerbel, Bärlauch, Basilikum,
Koriander, Schnittlauch), 50 g Butter, 50 g Parmesan (vegetarische Variante)

Schauen Sie YouTube-Kochtutorials! Auch oder vor allem dann, wenn Sie gar nicht vorhaben, etwas zu kochen. Die beruhigende Wirkung ist immens. All die schlechten Nachrichten – ganz weit weg plötzlich. Ich lege Ihnen den japanischen Kanal *Cooking with Dog* ans Herz. Darin kocht eine Frau köstliche Dinge, von denen ich noch nie vorher gehört habe, während neben ihr ein leicht verwirrt aussehender Pudel sitzt. Zu meinen Favoriten gehört auch der Channel eines Italieners, von dem man meist nur einen dicken Arm und stark behaarte Finger sieht. Manchmal ruft er: »Profumo incredibile!« Bei ihm habe ich gelernt, dass man aus Kräutern einen Fond kochen kann, der sich sehr gut für die Zubereitung eines Risottos eignet. In Italien wachsen offenbar Kräuter, die es hier nicht gibt, *bruscandoli, carletti, asparagine* heißen sie. Ich verwende gewöhnliche Kräuter, die auf dem Markt jetzt zum Frühlingsanfang wieder angeboten werden: Kerbel, Koriander, Schnittlauch, Bärlauch. Für den Fond die Zweige von Rosmarin, Lorbeer und Salbei sowie das Frühlingszwiebelgrün in einen Topf geben, Wasser und 1 Prise Salz hinzufügen. Wasser zum Kochen bringen, alles ½ Stunde lang zugedeckt bei mittlerer Hitze köcheln lassen. Der Fond wird am Ende etwas bitter, was man aber im Risotto nicht schmeckt. Für den Risotto das Weiß der Frühlingszwiebeln putzen, waschen und in feine Ringe schneiden. Olivenöl in einem Topf erhitzen, Reis hinzugeben. 5 Minuten lang unter Rühren die Reiskörner rösten. Das Weiße der Frühlingszwiebeln dazugeben sowie etwas Salz. Weiterdünsten. Mit Wein ablöschen. Wenn die Flüssigkeit verdampft ist, gießt man vom Kräuterfond 1 oder 2 Kellen dazu. Einkochen lassen, dabei rühren. Sobald keine Flüssigkeit mehr im Topf ist, wieder 2 Kellen vom Fond dazugießen. Den Vorgang wiederholt man so oft, bis die Reiskörner weich sind, was 20 Minuten dauert. Am Ende sollte der Risotto cremig sein, also die Flüssigkeit eingekocht. Nachsalzen und pfeffern. Die Kräuter waschen, trocken schütteln, fein hacken und unterrühren, ebenso Butter und geriebenen Parmesan.

PFANNKUCHEN MIT FRÜHLINGSZWIEBELN

Zutaten für 2 Personen
4 Bund Frühlingszwiebeln (ca. 500 g), Salz, 1 Ei, 1 EL Sojasoße,
60 g Mehl, Pfeffer (oder Chili), Sonnenblumenöl

Bei dem einzigen Kochkurs, den ich jemals besucht habe, musste ich praktisch die ganze Zeit über Gemüse schneiden. Ab und an trat die strenge Seminarleiterin an meine Seite und teilte mir mit, sie sei nicht zufrieden. Das war nicht in einem Sternerestaurant, sondern in irgendeinem kruschteligen Kochladen in Berlin-Prenzlauer Berg. Es wurde wohl aus Gründen der Folklore der in Spitzenküchen herrschende militärische Ton nachgeahmt. Ich bin ja eher für das antiautoritäre Kochen, weshalb ich ohne Scheu diese kleinen Pfannkuchen hier brate. Sie sind eigentlich chinesisch, und ich mache sicher alles falsch – wohlmeinende Leser dürfen mir gern das Originalrezept schicken. Macht nichts, schmeckt trotzdem, was an der so einfachen wie großartigen Kombination von Frühlingszwiebeln, Eiern und Sojasoße liegt. Die Frühlingszwiebeln putzen, das heißt das Dunkelgrün entfernen und entsorgen. Eventuell welke äußere Schichten von den weißen und hellgrünen Teilen entfernen, anschließend waschen. Etwa ¼ der Frühlingszwiebeln in ungefähr 3 cm große Stücke schneiden, den Rest fein hacken. In einem Topf leicht gesalzenes Wasser zum Kochen bringen. Darin die 3 cm langen Stücke gar kochen, das dauert ungefähr 5 Minuten. Abgießen und etwa 50 ml von der Kochflüssigkeit aufbewahren. Die Flüssigkeit mit den gekochten Frühlingszwiebeln mithilfe eines Pürierstabs glatt pürieren. Das Püree mit Ei, Sojasoße und Mehl verrühren. Etwas Pfeffer (oder Chili) dazugeben, ebenso die fein gehackten Frühlingszwiebeln. In einer beschichteten Pfanne Sonnenblumenöl erhitzen, nicht zu wenig, der Boden sollte ganz bedeckt sein. Jeweils etwas mehr als einen Esslöffel von dem Teig in die Pfanne geben, in Pfannkuchenform drücken (ca. 0,5 bis 1 cm hoch). Von beiden Seiten knusprig braten. Hitze herunterschalten und durchgaren.

Soße mit Suchtpotenzial

SALAT MIT ERDNUSS-CHILI-SOSSE (GADO GADO)

Zutaten für 3 bis 4 Personen
100 g geschälte, ungesalzene Erdnüsse, 1 Knoblauchzehe, 30 ml Sojasoße, Saft von 1 Limette, Chili (Schote oder Flocken) nach Geschmack, 200 g Kokosmilch, 1 Brokkoli, 4 mittelgroße Kartoffeln, Salz, 3 bis 4 Eier, 3 Frühlingszwiebeln

Ich wusste nicht, dass man Erdnüsse auch freiwillig essen kann. Erdnüsse, das waren für mich immer die Dinger, die man an einer Bar sitzend zwanghaft in sich hineinstopft, womit man nicht aufhören kann, bis man die ganze Schale voll Erdnüsse leer gegessen hat. Aber dann habe ich dieses Rezept für Gado Gado gefunden: einen aus Indonesien stammenden Salat aus verschiedenen Gemüsen, der mit einer Erdnusssoße angemacht wird. Die Soße ist jetzt unter den Top Fünf meiner Lieblingssoßen. Sie ist einfach zuzubereiten und eine Verbesserung dessen, was sie umgibt, fast egal, was es ist. Ich habe mich hier für Brokkoli, Kartoffeln und Eier entschieden. Man kann aber auch Blumenkohl, Kürbis oder Chinakohl nehmen – und man kann noch rohes Gemüse dazugeben, wie Gurken und Radieschen. Für das Dressing verwendet man ungesalzene Erdnüsse. Manchmal werden sie schon geschält angeboten, manchmal muss man sie selbst schälen, was leider dazu führt, dass man bei dem etwas nervigen Schälvorgang viel zu viele davon isst, siehe oben. Sie werden dann auf ein Backblech gelegt und im Backofen bei 180 °C Umluft ungefähr 6 Minuten lang geröstet. Aus dem Ofen nehmen und kurz abkühlen lassen. Knoblauchzehe schälen und mit der breiten Seite des Messers andrücken. Dann zusammen mit Erdnüssen, Sojasoße, Limettensaft und Chili – man kann eine Schote nehmen oder Chiliflocken – mit dem Pürierstab zu einer Paste mixen. Kokosmilch dazugießen, noch mal alles mit dem Pürierstab glatt rühren. Soße in eine Salatschüssel geben. Die Zutaten für den Salat vorbereiten: Brokkoli putzen, waschen, in Röschen teilen und dämpfen oder in wenig Wasser dünsten. Kartoffeln in Salzwasser gar kochen, Eier in einen Topf mit kochendem Wasser gleiten lassen und in etwa 10 Minuten hart kochen. (Man benötigt also 3 verschiedene Töpfe – Gemüsesalate tun bescheiden, machen aber Arbeit.) Frühlingszwiebeln putzen, waschen und in feine Ringe schneiden. Kartoffeln und Eier pellen und würfeln. Brokkoliröschen, Kartoffeln, Eier und Frühlingszwiebeln in die Schüssel mit dem Dressing geben und gut vermengen.

Risotto mit einem Schuss Wodka

RISOTTO MIT FENCHEL, ORANGE UND WODKA

Zutaten für 2 Portionen
½ Zwiebel, 1 TL Fenchelsamen, 2 Knoblauchzehen, ½ kleine rote Chilischote,
1 TL Salz, etwas Olivenöl, 40 g Butter, 100 g Risottoreis, 100 ml Wodka,
400 ml Brühe, abgeriebene Schale von 1 Bio-Orange,
50 g frisch geriebener Parmesan (vegetarische Variante)

Kürzlich habe ich ein Risottorezept aus einem Kochbuch ausprobiert, aber irgendetwas lief schief, was ich erst bemerkte, als ich recht betrunken im Homeoffice versuchte, dem Gesagten eines Kollegen auf meinem Bildschirm zu folgen. Was war passiert? Zunächst lief es prima, der Risotto war fast fertig, schmeckte köstlich nach Fenchel und Chili. Da verlangte das Rezept von mir: Gießen Sie zum Schluss 250 ml Wodka hinzu. Ich dachte noch: oh, ein ganzes Wasserglas Wodka? Es schmeckte furchtbar, und doch, ich aß bestimmt eine ganze Portion. Es erinnerte mich an die Wodka Martinis, wie ich sie in meinem früheren Leben gern getrunken habe – damals, als es noch Bars gab. Für Sie habe ich den betrunkenen Risotto abgeschwächt, sodass er wirklich absolut Homeoffice-sicher ist. Zwiebel schälen und fein hacken. Fenchelsamen, geschälte Knoblauchzehen, Chilischote und Salz in einem Mörser zu einer Paste zerstoßen. Beiseitestellen. In einem Topf Olivenöl und die Hälfte der Butter erhitzen. Darin die fein gehackte Zwiebel etwa 3 bis 5 Minuten lang dünsten. Dann die Fenchelpaste hinzufügen und unter Rühren kurz mitdünsten. Den Reis dazugeben, ebenfalls kurz mitdünsten, nicht ansetzen lassen. Mit Wodka ablöschen, die Flüssigkeit einkochen lassen. Kellenweise die Brühe hinzugießen, jeweils einkochen lassen. So verfahren, bis der Reis nach ungefähr 20 Minuten gar ist, ggf. etwas mehr oder weniger Brühe verwenden. Zum Schluss Orangenabrieb unterheben, ebenso die restliche Butter und den Parmesan. Wer will, schmeckt den Risotto mit etwas aus der Orange ausgepresstem Saft ab.

SUPPE MIT LAUCH, ERBSEN UND KRÄUTERN

Für 4 bis 6 Portionen
ungefähr 500 g Lauch, je 1 kleiner Bund Petersilie, Basilikum und Minze,
1 mittelgroße Zwiebel, 1 ½ TL Salz, 30 g Butter, 200 g TK-Erbsen,
Crème fraîche zum Garnieren

Es wird hier niemanden überraschen, dass ich Tiefkühlerbsen mag. Ich denke durchaus darüber nach, mir eines dieser Landhäuser im Brandenburgischen zuzulegen, die meines Wissens dazu da sind, dass man auf der Terrasse stundenlang frische Erbsen palt, während der Blick ab und zu in die idyllische Ferne schweift und irgendwo ein Golden Retriever döst. Bis dahin aber: Tiefkühlerbsen. Und schmecken sie nicht auch viel besser? Weniger, wie soll ich sagen, mehlig, stattdessen zart und süß. In diese Suppe kommen ansonsten nur frische Zutaten. Sie schmeckt herrlich leicht, grün und frühlingshaft – eine perfekte Mahlzeit für Ostertage, wenn man viele Schokohasen gegessen hat. Das Dunkelgrün der Lauchstangen in größere Stücke schneiden, waschen, in einen großen Topf geben. Das Hellgrüne und Weiße in Ringe schneiden und beiseitestellen. In den Topf auch die Stängel der Kräuter geben, die geviertelte Zwiebel, außerdem 1 ½ l Wasser und 1 ½ TL Salz. Flüssigkeit zum Kochen bringen, das Ganze ungefähr 30 Minuten lang köcheln lassen. Dann das Gemüse aus der Brühe sieben, die Brühe beiseitestellen; das zerkochte Gemüse braucht man nicht mehr. In demselben Topf, den man kurz ausgewischt hat, Butter zergehen lassen. Dann das Hellgrün und Weiß des Lauchs in den Topf geben, salzen und den Lauch ungefähr 10 Minuten lang dünsten, bis er weich ist und glasig. Die Erbsen dazugeben, dann die warme Brühe hinzugießen. Die Herdplatte ausschalten, die Suppe abkühlen lassen. Die Blättchen der Petersilie, der Minze und des Basilikums dazugeben. Mit einem Pürierstab das Ganze mixen. Mit Salz abschmecken. Die Suppe vor dem Servieren wieder erwärmen, mit etwas Crème fraîche garnieren.

Eine unglaublich vegetarische Carbonara

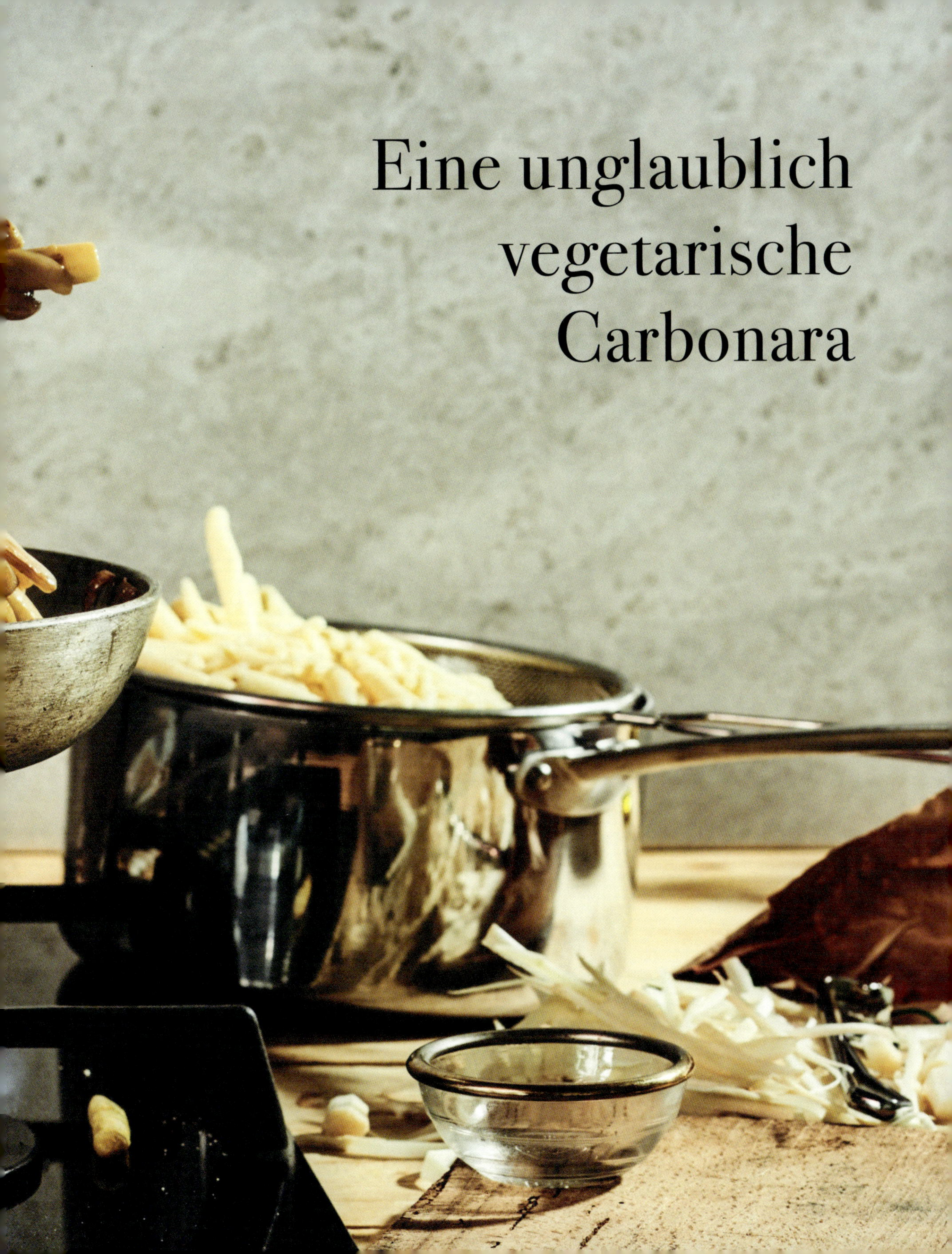

PASTA MIT SPARGEL UND SHIITAKE-PILZEN

Zutaten für 2 bis 3 Personen
3 Frühlingszwiebeln, 500 g weißer Spargel, 200 g Shiitake-Pilze, 1 Stängel Oregano, etwas Butter, etwas Olivenöl, Salz, schwarzer Pfeffer, eventuell etwas Wasser oder Weißwein, 250 g Pasta, 60 g Parmesan (vegetarische Variante, frisch gerieben), 2 Eigelb

Man könnte diese Pasta eine vegetarische Carbonara nennen, aber das klingt, als wäre Fleisch das Normale und alles, was kein Fleisch ist, wäre das andere. Etwa so, wie man lange geglaubt hat, dass eine Frau vor allem ein Nichtmann ist. Dabei gehören zu jeder Küche dieser Welt vegetarische, auch vegane Gerichte. Nur ist das Wissen darum in den vergangenen Jahrzehnten industrieller Fleischproduktion untergegangen, weshalb man heute meint, es sei unsere »Tradition«, ohne Sinn und Verstand Fleisch in uns hineinzustopfen. Diese Pasta ist also keine vegetarische Carbonara, obwohl sie sich wie die Carbonara die genialen Eigenschaften des rohen Eidotters zunutze macht. Er wird zum Schluss dazugemischt und lässt das Ganze zu einer cremigen, üppigen Angelegenheit werden.
Frühlingszwiebeln putzen, waschen und in Ringe schneiden. Spargel schälen, die holzigen Enden abschneiden, jede Stange in 4 cm lange Stücke schneiden. Pilze putzen und vierteln. Oregano waschen, trocken schütteln, die Blättchen abzupfen und diese fein hacken. Butter und Olivenöl in einer großen Pfanne erhitzen. Frühlingszwiebeln dazugeben, salzen und ungefähr 5 Minuten lang unter regelmäßigem Rühren dünsten – sie sollen sich dabei nicht braun färben. Spargel in die Pfanne geben. Nach 5 Minuten die Shiitake-Pilze und den Oregano sowie Pfeffer hinzufügen. Bei mittlerer Hitze alles 15 Minuten lang dünsten. Man muss keine Flüssigkeit hinzufügen, da Spargel und Pilze genügend Feuchtigkeit abgeben. Sollte das Gemüse doch drohen am Boden anzusetzen, kann man einen Schluck Weißwein oder Wasser dazugießen und einkochen lassen. Die Pasta aufsetzen und diese 3 Minuten vor Ende der Garzeit aus dem Wasser zu der Spargel-Pilz-Mischung geben. Vom Kochwasser 1 oder 2 Kellen abnehmen, in die Pfanne gießen, Parmesan unterrühren, Flüssigkeit einkochen lassen. Pfanne vom Herd nehmen und die verquirlten Eidotter unterrühren. Sofort servieren.

GEDÜNSTETE RADIESCHEN

Zutaten für 2 Personen
2 Bund Radieschen, Olivenöl, Wasser, Salz, 1 Handvoll frische Kräuter (Schnittlauch, Minze, Kerbel, Estragon und/oder andere Kräuter), 100 g Ziegenfrischkäse (vegetarische Variante)

Man könnte beim Anblick der dürren Zutatenliste denken, das sei wieder so eines dieser Anfängerrezepte, wie ich sie mir zuhause in meiner kleinen Küche ausdenke. Stimmt aber nicht: Das Rezept für gedünstete Radieschen kommt von Michael Hoffmann. Er war der Inhaber und Küchenchef des Margaux in Berlin, wo er einen Michelin-Stern hatte und 2 Jahre lang Anwärter auf einen zweiten war. Irgendwann hat er das Margaux zugemacht. Die Entscheidung sei aus verschiedenen Gründen gefallen, sagt Hoffmann: Der Mietvertrag lief aus und sollte um 10 Jahre verlängert werden. Der Aufwand, der in der Spitzengastronomie betrieben wird, ist zermürbend, vor allem wenn man wie Hoffmann viel mit Gemüse kocht. Es gab ein Gericht mit einer eingelegten Aubergine; dafür musste jemand über 2 bis 3 Wochen hinweg täglich das Gemüse auf eine bestimmte Temperatur bringen, bis es so weit war, dass daraus ein einziger Bissen in einem achtgängigen Menü werden konnte. Inzwischen kocht Hoffmann in der Kreuzberger Markthalle 9 in der Kantine. Es gibt Pellkartoffeln und Hühnerfrikassee. Natürlich perfekt zubereitet, wobei Hoffmann die Mitarbeiter, die er aus dem Margaux mitgenommen hat, manchmal dazu anhalten muss, nicht zu perfekt zu sein. Sie sollen lieber ihre neue Freiheit genießen, die darin besteht, dass eine Gurke auch etwas krumm geschnitten sein darf. Kaum einer, der in der Kantine isst, kennt wahrscheinlich Hoffmanns Geschichte. Ist auch nicht wichtig. Man kann sich einfach daran freuen, dass jemand mit so viel Sorgfalt Kräuterquark zubereitet. Folgendes macht Hoffmann also mit Radieschen: die Radieschen putzen, waschen und halbieren, in Öl in einer Pfanne anschwitzen, etwas Wasser dazugießen, Deckel drauf, das Ganze einköcheln lassen. Inzwischen die Kräuter waschen, trocken schütteln, bei Bedarf Blättchen abzupfen und alle Kräuter hacken. Radieschen mit Salz abschmecken, auf 2 Tellern anrichten, Kräuter dazugeben. Obendrauf etwas Ziegenkäse verteilen.

Blumenkohl nach Hausfrauenart

BLUMENKOHLSUPPE

Zutaten für 2 Personen
¼ Chilischote, 1 Zwiebel, 1 Knoblauchzehe, Pflanzenöl (Oliven-, Raps- oder Kokosöl),
Salz, 1 großzügige Prise Kreuzkümmel, 5 Pimentkörner, 1 Lorbeerblatt,
1 Blumenkohl, 50 g Cashewkerne, 700 ml Wasser,
Saft von ½ Zitrone, 1 Prise Zucker

Als Kochkolumnistin mache ich mir Gedanken über Ihre Gesundheit, liebe Leser. Ich glaube, die Menschen ernähren sich heute auch deshalb so ungesund, weil es keine Hausfrau mehr gibt, die kenntnisreich, streng und liebevoll zugleich über die Nährstoffaufnahme ihrer Familie wacht. Diese Rolle will ich ersatzweise gern übernehmen und schlage vor, dass Sie diese Blumenkohlsuppe ausprobieren. Sie wird ohne Sahne und Butter zubereitet, dafür mit Cashewnüssen, wodurch das Ergebnis cremig und deftig ist, aber kaum gesättigte Fettsäuren enthält – das sind die, die man nur in überschaubaren Mengen zu sich nehmen soll, wenn man nicht unnötigerweise einen Herzinfarkt oder eine chronische Krankheit bekommen will.
Chili entkernen und hacken. Zwiebel und Knoblauch schälen, hacken, in einem Topf in Öl erhitzen. 1 gute Prise Salz, gehackte Chili und die Gewürze dazugeben. Ungefähr 15 Minuten lang bei niedriger Hitze unter Rühren anschwitzen. Die Zwiebeln sollen weich sein, so bilden sie die geschmackliche Grundlage für die Suppe. Inzwischen Blumenkohl in Röschen teilen, diese mit Cashews und Wasser mit in den Topf geben. Das Ganze 30 Minuten lang bei geschlossenem Deckel bei mittlerer Hitze köcheln lassen. Pimentkörner und Lorbeerblatt entfernen. Den gekochten Blumenkohl zu einer cremigen Suppe fein pürieren. Falls sie zu dickflüssig sein sollte, etwas Wasser dazugeben. Zum Schluss mit Zitronensaft, Salz und Zucker abschmecken.
Fürs Protokoll: Ich weiß, dass früher nicht alles besser war und es vielen Hausfrauen schlecht ging. Ich habe den *Kleinen Unterschied* gelesen, außerdem den Ratgeber *Schön sein, schön bleiben* von 1955, der das ganze Elend abbildet. Eine wichtige Hausfrauenregel in dem Buch lautet: »Kritisieren Sie nicht Ihren Mann, auch wenn Sie es gerne möchten.« Dazu gibt es einen Tipp, falls man es aus Versehen doch mal getan hat: »So mancher Familienkrach kann vermieden werden, wenn eine Hausfrau es versteht, im richtigen Moment einen guten Tropfen charmant zu servieren.«

SÜSSE BRÖTCHEN ZU OSTERN (HOT CROSS BUNS)

Zutaten für 12 Personen
520 g Weizenmehl, 70 g Zucker (am besten Vollrohrzucker),
1 Päckchen Trockenhefe (7 g), 1 TL Salz, 1 TL Zimt, abgeriebene Schale von
1 Bio-Orange, 300 ml Milch, 50 g Butter (Zimmertemperatur), 1 Ei,
Vanillemark (von einer Schote), 90 g Rosinen, 1 EL Sonnenblumenöl

Für das Kreuz:
85 g Mehl, 1 EL Zucker, 6 EL Wasser

Für die Glasur:
3 EL Aprikosenmarmelade, 5 EL Wasser

Ich bin eine erfahrene Kochkolumnistin und habe keine Angst vor Hefeteig! Das murmele ich vor mich hin, während ich den Teig knete. Da weiß ich noch nicht, dass ich einen kapitalen Fehler gemacht habe, nämlich leider die Milch viel zu warm in den Teig gegossen habe und die Hefekulturen, die ich da knete, schon längst tot sind. Die Osterbrötchen gehen nicht auf, sie werden außen hart und sind innen nicht fluffig. Neuer Versuch. Milchtemperatur okay. Außerdem lasse ich das Rührgerät wirklich lang laufen. Und da sind sie, meine kleinen Oster-Wölkchen, süß und orangig. Sie heißen in Großbritannien *Hot Cross Buns* und werden, wie in anderen Ländern des Commonwealth, traditionell an Karfreitag gegessen (deshalb das Kreuz). Mehl, Zucker, Hefe, Salz, Zimt und Orangenabrieb in einer Schüssel vermischen. Milch vorsichtig erwärmen – auf keinen Fall auf über 40 °C. Milch in einer separaten Schüssel mit Butter, Ei und Vanillemark verrühren. Diese Mischung zur Mehl-Mischung geben. Mit dem Knethaken des Handrührgeräts den Teig kneten, 5 Minuten lang. Die Rosinen dazugeben, Teig noch mal 2 Minuten kneten. Teig zu einer Kugel formen und in eine neue Schüssel geben, die man zuvor mit Sonnenblumenöl ausgepinselt hat. Mit einem Handtuch bedecken. 1 bis 2 Stunden lang bei Raumtemperatur gehen lassen. Das Volumen hat sich dann verdoppelt. Teig auf einer bemehlten Arbeitsfläche zu 12 gleich großen Kugeln formen. Brötchen auf ein mit Backpapier ausgelegtes Blech legen und abgedeckt noch mal 1 Stunde lang gehen lassen. Die Brötchen dürfen sich berühren. Für das Kreuz Mehl und Zucker mit Wasser in einer Schüssel zu einer glatten Masse verrühren. Eventuell mehr Wasser hinzufügen. In einen Spritzbeutel füllen oder in ein Plastiktütchen, dessen eine Ecke man abschneidet. Mehlpaste in Kreuzform auf die Brötchen spritzen. Brötchen ungefähr 20 bis 25 Minuten bei 180 °C Ober-/Unterhitze backen. Aprikosenmarmelade mit Wasser erwärmen, auf die noch heißen Brötchen streichen.

GEBACKENER ZITRONENPUDDING

Zutaten für 1 ovale Form mit 26 cm Länge (für 6 Personen)
25 g Butter (plus etwas mehr zum Fetten der Form), 100 g Zucker, 3 Eier,
40 g Mehl, 1 TL Backpulver, 1 Prise Salz, 260 ml Milch,
abgeriebene Schale und Saft von 2 Bio-Zitronen

Bis vor Kurzem habe ich geglaubt, Pudding komme aus der Tüte. Ich habe es einfach angenommen und nie wieder darüber nachgedacht. Nun stellt sich aber Folgendes heraus: Alles, was ich über Pudding zu wissen glaubte, war falsch. Pudding kommt weder aus der Tüte noch ist das, was in den Tüten ist, Pudding, auch wenn die Hersteller es so nennen. Das in den Tüten, also die glatte Creme, die man aus dem Pulver rührt, ist ein Flammeri. Ein echter Pudding dagegen ist nicht glatt, er wird nicht mit Stärke gebunden, sondern mit Eiern. So wie dieser Pudding hier. Er schmeckt überhaupt nicht nach Tüte (wie auch). Der Teil direkt unter der Oberfläche ist luftig und locker, fast wie ein Kuchen, der weiter unten ist cremig, zitronig, an eine Soße erinnernd, weshalb man dieses Gericht im Englischen *self-saucing* nennt, auf Deutsch ungefähr »sich selbst besoßend« – und dass ein Dessert so etwas kann, ist für mich eine weitere schöne Neuigkeit.

Butter in einem Topf zergehen lassen, beiseitestellen und kurz abkühlen lassen. Auflaufform mit Butter einfetten. Backofen auf 160 °C Umluft stellen. Wasser im Kessel zum Kochen aufsetzen. Butter und Zucker in einer Schüssel vermengen. Eier trennen und das Eigelb zur Buttermischung geben. Das Eiweiß zu Schaum schlagen. Mehl, Backpulver und Salz in die Butter-Ei-Mischung geben. Dann die Milch dazugießen und alles zu einem glatten Teig rühren. Zitronenschale ganz fein abreiben, Zitronensaft auspressen. Beides in die Schüssel zum Teig geben. Schließlich vorsichtig den Eischnee unterheben – der Teig muss nicht homogen sein. Den (recht flüssigen) Teig in die Auflaufform gießen. Form in ein tiefes Backblech stellen, dieses mit dem kochend heißen Wasser auffüllen, sodass die Form zu etwa ⅔ im Wasser steht. Blech vorsichtig in den Ofen stellen und den Pudding für 30 Minuten backen. Man kann ihn heiß oder kalt essen.

Rhabarber fürs ganze Jahr

RHABARBERMARMELADE

Zutaten
500 g Rhabarber, Mark von ½ Vanilleschote,
250 g Gelierzucker (2 : 1)

Es gab mal eine Kochkolumne in einem Magazin, die hieß *Nur drei* oder so ähnlich. Das waren sehr schöne Rezepte, für die man allerdings immer mindestens 10 Zutaten brauchte. Es ging eben um die Idee, dass man wenige Zutaten braucht, weshalb 7 Zutaten einfach nicht mitgezählt wurden. So ist es oft beim Thema Essen: Der schöne Gedanke ist stärker als die Wirklichkeit. Ein Tee heißt natürlich nicht Kirscharomatee, sondern Kirschtee. Ich verstehe allerdings nicht ganz, warum Essen überhaupt romantisiert werden muss: Macht doch auch so Spaß. Die Lebensmittelproduzenten haben mit falscher Romantik jedenfalls viel Vertrauen verspielt. Während das Essen heute so sicher ist wie nie zuvor, traut niemand mehr den Herstellern über den Weg. Für diese Rhabarbermarmelade braucht man wirklich nur 3 Zutaten. Andererseits: Was sollte man in Marmelade auch sonst noch hineinmischen? Wenn man seine Marmelade zu Hause am Herd selbst herstellt, kann man im Gegensatz zu den industriellen Produzenten ja sehr gut auf Kaliumsorbat und gehärtetes Palmöl verzichten. Ein paar Erdbeeren könnte man hinzufügen oder auch Himbeeren. Vor allem wenn man nur sehr sauren Rhabarber findet, ist das eine gute Idee. Zunächst den Rhabarber putzen, in 1 cm große Stücke schneiden und in einen Topf geben. Vanillemark und Gelierzucker hinzufügen. Einige Stunden ziehen lassen (oder nach Packungsangaben des Gelierzuckers zubereiten). Die Rhabarber-Zucker-Mischung aufkochen, 5 Minuten kochen lassen, mit dem Stabmixer pürieren und dann heiß in saubere Schraubgläser abfüllen. Gläser auf den Kopf stellen, sodass ein Vakuum entsteht. Das ist sicher nicht die ganz korrekte Art, Marmelade abzufüllen, denn nichts daran ist steril, aber bei mir funktioniert es und bei Ihnen, liebe Leser, sehr wahrscheinlich auch.

SOMMER

Wärme, Licht, Obst und Gemüse in Überfülle

SALAT AUS FRISCHEN ERBSEN, RADIESCHEN UND GERÖSTETEM BROT

Zutaten für 2 Personen
100 g Weißbrot (am besten vom Vortag), Olivenöl, Salz,
½ TL gemahlener Kreuzkümmel, 200 g frische Erbsen ohne Schote,
½ Granatapfel, 100 g Radieschen, 1 kleine rote Zwiebel, 1 Handvoll frische Minze,
1 Handvoll glatte Petersilie, 1 Zitrone

Grillabende sind nach meiner Erfahrung vor allem in der Vorstellung schön. Vergleichbar mit einem Urlaub im Hochsommer an der Côte d'Azur. Klingt toll, in Wirklichkeit steht man auf dem Weg vom und zum Strand im Stau, in Wirklichkeit isst man viel zu viel Weißbrot in Barbecuesoße getunkt, während man sich nur schwer auf die Tischgespräche konzentrieren kann, aus Sorge, dass man vom Grillfleisch nichts abbekommt, sollte es dann irgendwann doch mal fertig sein. Ist aber nur meine persönliche Erfahrung. Liebe Leute, ihr sollt meinetwegen grillen, bis ihr umfallt, ich bringe Salat mit, und zwar diesen hier. Er ist entfernt verwandt mit dem italienischen Brotsalat, Panzanella genannt, aber weil die Tomaten noch nicht reif sind, nehme ich stattdessen Erbsen und Radieschen. Und Granatapfel, weil wir im Ottolenghischen Zeitalter leben und ein Salat ohne Granatapfel für mich nicht mehr vorstellbar ist.

Den Backofen auf 180 °C Ober-/Unterhitze vorheizen. Weißbrot in mundgerechte Stücke reißen, in einer Schüssel mit etwas Olivenöl und Salz vermengen. Auf einem mit Backpapier ausgelegten Backblech verteilen. 10 Minuten lang im Ofen backen. Dann herausnehmen, Kreuzkümmel darübergeben und abkühlen lassen. Die Erbsen in Wasser kurz gar kochen. Die Kerne aus dem Granatapfel lösen. Radieschen waschen, putzen und in dünne Scheiben schneiden, Zwiebel schälen, ebenfalls fein schneiden. Kräuter waschen, trocken schütteln, die Blätter abzupfen, Minzeblätter fein und Petersilienblätter grob hacken. Alles in eine Salatschüssel geben, die Brotstücke hinzufügen. Zitrone auspressen und Saft nach Geschmack zum Salat gießen, ebenso einen guten Schuss Olivenöl. Salzen und alles vermengen.

QUINOA-SALAT

Zutaten für 4 Personen
180 g Quinoa, 480 ml Wasser, 1 Stängel Zitronengras, Chiliflocken, Salz,
10 Zweige frischer Koriander, 10 Zweige frische Minze, 3 Zweige frischer Basilikum,
1 kleine rote Zwiebel, Saft von 1 Limette, 4 EL Kokosmilch,
3 EL ungesalzene Erdnüsse

Die deutsche Küche sei besser als ihr Ruf, höre ich manchmal. Ich würde sagen: Der Ruf der deutschen Küche ist besser als die deutsche Küche. Solange man nicht sehr viel Geld hat, um sich von einem teuren Restaurant ins andere zu hangeln oder gar in der Sternegastronomie zu speisen, so einer Art kulinarischer *gated community* – wenn man also mit der echten deutschen Küche konfrontiert ist, sieht es nicht so gut aus. Vielleicht ist es besser als früher, es gibt nicht mehr nur Currywurst, nein, es gibt jetzt auch Quinoa-Salat. Und das ist natürlich wirklich besser, weil man dann nicht etwas Ungesundes isst, das nicht schmeckt, sondern etwas Gesundes, das nicht schmeckt. Aber der Anblick dieser Quinoa-Plastikbecherchen in den Auslagen der Bahnhofsshops – es bricht mir das Herz, wie sie da stehen. Hol mich hier raus, ruft die Quinoa. Ich will nicht unter einer Avocado vor mich hin suppen. Ich will, dass du mich sanft in Kokosmilch und Limettensaft tauchst, und dann will ich mit ein paar Erdnüsschen garniert werden. Ich brauche außerdem frische Kräuter und bitte noch eine rote Zwiebel, denn die Avocado, sie passt gar nicht zu mir, sie schmeckt so lahm wie ich selbst, und außerdem ist sie schon braun. Hilf mir!
Quinoa in einem Topf ungefähr 6 Minuten lang anrösten, nicht anbrennen lassen! Wasser hinzugießen. Zitronengras fein hacken, dazugeben, ebenso Chiliflocken (nach Geschmack) und 1 Prise Salz. Wasser aufkochen, dann 12 Minuten simmern lassen, bis die Quinoa gar ist (und das Wasser vollständig eingekocht). Topf vom Herd nehmen, Quinoa kalt werden lassen. Koriander, Minze und Basilikum fein hacken, Zwiebel in feine Ringe schneiden, zusammen mit der Quinoa in eine Salatschüssel geben. Limettensaft und Kokosmilch zu einem Dressing verrühren und dieses über den Salat geben. Dann Erdnüsse in einer Pfanne ohne Fett anrösten und damit den Salat garnieren.

GRATINIERTER RADICCHIO

Zutaten für 2 Personen
1 Kopf Radicchio, Salz, 30 g Mandeln, 30 g frisch geriebener Parmesan (vegetarische Variante), 20 g Semmelbrösel, Olivenöl, Pfeffer, 30 g Brie (vegetarische Variante)

Jede Woche liegt in der Gemüsekiste, die mir geliefert wird, ein Radicchio-Kopf. Letztes Mal habe ich ihn einfach im Kühlschrank vergammeln lassen. Das ist natürlich gar nicht in Ordnung, Essen schmeißt man nicht weg. Aber ich habe gedacht, wenn ich noch einen weiteren Radicchiosalat essen muss, falle ich auf der Stelle tot um. Ich habe ihn also erst mal ignoriert, wie er da im Kühlschrank um sein Leben rang – die Biester halten sich erstaunlich lang dafür, dass sie aus Salat sind. Er ächzte jedes Mal im Todeskampf, wenn ich die Kühlschranktür öffnete: Bitte lass mich nicht sterben. Habe ich trotzdem gemacht. Aber noch mal stehe ich das nicht durch. Ich werde den nächsten Radicchio, wie alles andere aus meiner Gemüsekiste, in den Ofen stecken. Ich überbacke ihn mit Käse, ich mische Mandeln darunter, für den Crunch. Der Radicchio und ich werden uns versöhnen.

Radicchio waschen, in Schnitze schneiden, etwa 4 cm breit. In einer Auflaufform nebeneinanderlegen. Salzen. Mandeln grob zerstoßen. Zusammen mit Parmesan, Semmelbröseln, Olivenöl und Pfeffer auf dem Radicchio verteilen. Bei 180 °C Umluft im Backofen ungefähr 30 Minuten lang garen, dabei die Form mit einem Stück Backpapier abdecken, damit der Radicchio nicht zu braun wird. Nach 15 Minuten das Papier entfernen. 5 Minuten vor Ende der Garzeit den gewürfelten Brie auf dem Radicchio verteilen.

BROTSALAT »FATTOUSH«

Zutaten für 4 Personen
2 Pitabrote, Olivenöl (insgesamt ungefähr 5 EL), Salz, 1 TL Kreuzkümmelsamen,
1 Knoblauchzehe, Saft von ½ Zitrone, ½ TL Essig, 500 g Tomaten, 1 Salatgurke,
2 Frühlingszwiebeln, 20 g frische Minze, 20 g frische Petersilie,
100 g Radieschen

Zu meiner Zeit in Paris gab es dort noch kein Quinoa, der Kaffee war zum Davonlaufen, niemand bei Trost fuhr mit dem Fahrrad, und man tat alles mit Zigarette in der Hand. Ich bin oft in ein Restaurant gegangen, in dem es einen in Schüsseln servierten Salat gab, darauf lagen Unmengen gebratener Kartoffeln, die die Blätter erdrückten, außerdem befand sich in der Schüssel eine mittlere Schlachterplatte aus Entenmagen, Entenleber, Schinken und was weiß ich noch. Man nannte das *Salade Landaise*, nach der Gegend im Süden Frankreichs. Vor 15 Jahren normal, heute alles mehr oder weniger undenkbar, aber wenn man so etwas sagt, klingt man ja immer gleich noch älter, als man sowieso schon ist. Außerdem habe ich gar nichts gegen Quinoa und finde inzwischen auch, dass jeder einzelne Kaffee, den ich trinke, nicht weniger als großartig zu sein hat. Dieser kleine Salat hier ist natürlich irre gesund, mit den ganzen Gurken und Tomaten, aber wegen der knusprigen Brotstückchen erinnert er mich an früher. Den Backofen auf 200 °C Ober-/Unterhitze vorheizen. Die Pitabrote in mundgerechte Stücke reißen, auf ein Backblech legen. Mit 2 EL Olivenöl beträufeln, etwas salzen und die Kreuzkümmelsamen darüberstreuen. Das Brot etwa 10 Minuten im Ofen backen. Für das Dressing nimmt man am besten ein Einmachglas oder einen anderen Behälter mit Deckel. Knoblauch schälen und mit einer Gabel andrücken. Im Glas Zitronensaft, 3 EL Olivenöl und Essig vermengen, etwas Salz und die Knoblauchzehe dazugeben. Mit geschlossenem Deckel gut schütteln, beiseitestellen. Tomaten waschen, halbieren, von den Stielansätzen befreien und in Würfel schneiden, eventuell die Kerne entfernen, wenn man eine größere Tomatensorte verwendet. Die Gurke und die Frühlingszwiebeln waschen und putzen. Gurke in Würfel, die Frühlingszwiebeln in feine Ringe schneiden. Die Blätter der Kräuter fein hacken. Alles in eine große Salatschüssel geben. Das Dressing darübergießen, den Salat anmachen. Die Radieschen zum Schluss vierteln und zusammen mit dem kross gebackenen Brot über den Salat geben.

KAROTTENSALAT MIT SESAM UND INGWER

Zutaten für 4 Personen
4 große Karotten, 2 EL Olivenöl, 2 EL gehackter Ingwer, 60 ml Wasser, Salz, 1 EL schwarze Sesamsamen, etwas Sesamöl, 1 TL Sojasoße

So geht Gwyneth Paltrows Eliminationsdiät: keinen Kaffee, keinen Alkohol, keine Milchprodukte, keine Eier, keinen Zucker, keine Schalentiere, keine Tiefseefische, keine Kartoffeln, keine Tomaten, keine Paprikaschoten, keine Auberginen, keinen Mais, keinen Weizen, kein Fleisch und überhaupt keine verarbeiteten Lebensmittel. Übrig bleibt dieser Karottensalat mit Ingwer und Sesam. Er schmeckt überraschenderweise ganz gut. Das Rezept stammt aus Paltrows Kochbuch *Meine Rezepte für Gesundheit und gutes Aussehen*; es ist im AT Verlag auf Deutsch erschienen. Paltrow rät, immer eine Avocado in der Handtasche dabeizuhaben, falls man unterwegs ist und nur weißmehlhaltiges, gezuckertes Essen zu finden ist. Gute Idee! Schade nur, dass neurotisches Essverhalten einen allein noch nicht zum reichen, schönen Hollywoodstar macht. Vielleicht gibt es zu unserem Karottensalat also doch ein hart gekochtes Ei. Oder Shrimps? Oder eine gegrillte Makrele? Die Karotten werden auch nicht so säuberlich geschnitten wie auf dem Foto. Das ist praktisch unmöglich, wenn man nicht, wie mein Fotograf, eine Kochlehre abgeschlossen hat. Die Karottenstifte dürfen etwas gröber und unregelmäßiger aussehen. In einer Pfanne wird Olivenöl erhitzt. Ingwer darin unter Rühren einen Augenblick andünsten. Die Karottenstifte kommen dazu, ebenso das Wasser und 1 Prise Salz. Die Temperatur herunterschalten und das Ganze kochen lassen, bis die Karotten weich sind, aber noch Biss haben. Das Wasser sollte dann verdampft sein. Inzwischen den Sesam in einer Pfanne ohne Fett rösten. Zum Schluss Sesamöl, Sojasoße und Sesamsamen unterrühren.

ZUCCHINI-RISOTTO MIT MINZE

Zutaten für 4 Personen
2 Zucchini, 4 Stängel Basilikum, 1 Schalotte, Olivenöl, Salz, 200 g Risottoreis, 100 ml Weißwein, Pfeffer, ca. 500 ml Wasser, abgeriebene Schale von 1 Bio-Zitrone, 4 Zweige frische Minze, 30 g Butter, 40 g Parmesan (vegetarische Variante, inklusive Rinde, z. B. Montello)

Es wird dem einen oder anderen schon aufgefallen sein, dass dies ein eher unprofessionelles Kochbuch ist. Wichtigstes Kriterium bei der Auswahl der Gerichte war, dass sie schlicht genug sind, um in meinen Alltag zu passen, und dass sie mir persönlich schmecken. So einfach ist das! Deshalb gibt es ständig Risotto. Es werden außerdem auffällig oft Zucchini serviert. Zucchini sind für mich die Kürbisse des Sommers. Auf Seite 73 kommen sie ins Ratatouille. Auf der nächsten Seite finden Sie ein Zucchinipesto, in denen Zucchini eine Hauptrolle spielen werden. Sie kommen auch in die Suppen, ins Gratin und in die Pasta. Für den Risotto Zucchini waschen, putzen und in sehr dünne Scheiben schneiden. Basilikum waschen, trocken schütteln, Blätter von den Stielen zupfen und die Stiele klein schneiden. Schalotte schälen, fein hacken, in Olivenöl andünsten, salzen. Reis hinzufügen, unter Rühren kurz mitdünsten, dann die Zucchini und Basilikumstängel dazugeben. Weiterrühren, bis das Gemüse etwas Wasser abgegeben hat. Mit Weißwein ablöschen. Pfeffern und noch mal salzen. Die Parmesanrinde in den Topf geben. Wenn der Wein verdampft ist, Wasser dazugießen, sodass der Reis gerade bedeckt ist. Einkochen lassen, dabei regelmäßig rühren. Sobald die Flüssigkeit verdampft ist, den Vorgang wiederholen, bis der Reis gar ist (nach ca. 20 Minuten). Zwischendurch noch mal 1 Prise Salz dazugeben (aber nicht zu viel). Zum Schluss sollte das Risotto cremig sein und keine Flüssigkeit mehr im Topf stehen. Wenn der Reis gar ist, Käserinde entfernen und den Topf vom Herd nehmen. Für diesen Risotto braucht man keine Brühe, sondern kann Wasser nehmen, weil jetzt verschiedene Geschmacksverstärker hinzukommen: Zitronenschale, fein gehackte Basilikum- und Minzblätter, Butter und frisch geriebenen Parmesan unterrühren.

SPAGHETTI MIT PESTO AUS TOMATEN UND MANDELN

Zutaten für 4 Personen
4 große Tomaten (ungefähr 350 g), 20 g Basilikumblättchen,
70 g blanchierte Mandeln, 20 g Petersilienblättchen,
30 g Pinienkerne (plus 2 TL mehr zum Garnieren), Salz,
2 EL Olivenöl, 450 g Spaghetti

Pesto und Spaghetti, das ist die ganz große Liebe: Ein Pesto umfängt innig jede einzelne Nudel, als wäre es nur dafür auf der Welt. Dieses hier stammt von einer Insel namens Linosa, sie gehört zu Italien und liegt mitten im Meer zwischen Tunesien und Sizilien. Drum herum ist nichts – ein 5 km² großes Nirgendwo. An die 500 Menschen leben dort gemütlich vor sich hin, hatten aber den Ehrgeiz, dem berühmten grünen Pesto alla Genovese und dem weniger berühmten sizilianischen Pesto alla Trapanese Konkurrenz zu machen, indem sie ein weiteres erfanden. Nämlich dieses hier, das aus Tomaten und Mandeln besteht und keinen Käse enthält, sodass es frisch und ein bisschen süß schmeckt. Genial. Mit dem Messer ein Kreuz in die Tomatenhaut ritzen. In einem kleinen Topf Wasser zum Kochen bringen, die Tomaten für 30 Sekunden hineinlegen. Dann wieder herausnehmen. Die Tomaten, wenn sie etwas abgekühlt sind, schälen und vierteln. In eine Schüssel geben zusammen mit den Basilikumblättchen, Mandeln (die man zuvor in einer Pfanne ohne Fett kurz angeröstet hat), Petersilieblättchen, Pinienkernen, Salz und Olivenöl. Alles mit dem Pürierstab zu einer glatten Masse zerkleinern. Wasser aufsetzen, salzen, Spaghetti darin al dente kochen. Pasta abgießen, etwa 1 Suppenkelle Kochwasser aufbewahren. Das Pesto unter die heißen Spaghetti rühren. Falls das Pesto einem zu trocken vorkommt, etwas von dem Kochwasser dazugeben. Mit Pinienkernen garnieren und sofort genießen.

RATATOUILLE MIT SAFRAN

Zutaten für 3 Personen
2 Auberginen, 1 Knolle Knoblauch, Olivenöl, Salz, 1 Zwiebel,
1 rote Paprikaschote, 2 Zucchini, 1 Dose Tomaten (400 g Abtropfgewicht), Pfeffer,
1 Prise Safranfäden (ca. ½ TL), 2 EL Weißweinessig

Ich will nicht angeben, aber ich glaube, mein Ratatouille ist das beste. Ich habe Argumente. Mein Ratatouille schmeckt nicht nur absolut himmlisch, nämlich nicht bloß nach Zucchini, Tomate, Aubergine, sondern nach etwas Größerem, nach Sommer und einem schöneren Leben. Und was es außerdem so gut macht, ist der Umstand, dass es gesund und leicht ist, da es nur aus Gemüse besteht. Woraus sonst könnte ein Ratatouille bestehen? Okay, trotzdem. Und damit bin ich beim dritten Grund: Mein Ratatouille ist einfach zuzubereiten. Es wird nichts geschichtet oder gehobelt, nur geschmort. Die Auberginen, die oft ein Ratatouille verderben, weil sie zu fettig sind und sich wie Gummi kauen, werden separat geröstet. So werden sie süß und schmelzend, ebenso wie der Knoblauch, der auch zuvor im Ofen gebacken wird. Und am Ende gibt man zu meinem Ratatouille 1 Prise Safran, was ein bisschen ungewöhnlich schmeckt, aber nicht so sehr, dass man sich von seinem inneren Sofa erheben müsste. Wer nicht überzeugt ist, kann mir gern sein Rezept schicken, aber Sie haben keine Chance, fürchte ich. Nichts für ungut, nächste Woche bin ich wieder bescheiden.

Den Backofen auf 190 °C Ober-/Unterhitze vorheizen. Auberginen putzen, waschen, abtrocknen, in 1 cm große Würfel schneiden, auf einem mit Backpapier ausgelegten Blech verteilen. Von der Knoblauchknolle quer das obere Drittel entfernen, Knolle und Auberginen auf das Blech legen. Salzen, mit etwas Olivenöl beträufeln und im Ofen 20 bis 25 Minuten lang backen (nicht zu schwarz werden lassen). Währenddessen Zwiebel schälen, Paprika waschen und entkernen. Beides in Streifen schneiden. Zucchini putzen, waschen und in dünne Scheiben schneiden. Zwiebeln in etwas Olivenöl in der Pfanne ungefähr 5 Minuten lang dünsten. Paprika und Zucchini dazugeben, ebenso die Dosentomaten. Salzen und pfeffern und das Ganze ungefähr 25 Minuten lang in der zugedeckten Pfanne schmoren. Safran in etwas warmem Wasser kurz einweichen, zum Ratatouille geben. Auberginenwürfel hinzufügen. Mit den Händen den weich gewordenen Knoblauch aus seiner Schale in die Pfanne drücken. Falls das Ganze zu dünnflüssig erscheint (es soll sämig und nicht suppig sein), noch einen Augenblick ohne Deckel einkochen lassen. Zum Schluss mit Essig abschmecken. Dazu passt bestens ein Spiegelei.

ZUCCHINIPESTO

Zutaten für 3 Personen
600 g Zucchini, Salz, 240 g Pappardelle, 1 kleine frische rote Chilischote,
2 Stängel Basilikum, 2 Stängel glatte Petersilie, 2 EL Pinienkerne, 1 Knoblauchzehe,
30 g Parmesan (vegetarische Variante), 5 EL Olivenöl, 1 EL gesalzene Kapern

Eine Zucchini ist fade und wässrig, sagen die einen, ich sage, sie ist wandelbar. Ja, die Zucchini ist das Gemüse ohne Eigenschaften, sie hält sich für alle Optionen und Konstellationen offen, deshalb kommt sie überall zurecht. Man kann mit ihr einen Kuchen backen, da ist sie der Wasserträger. In Öl gebraten liegt sie neben der Auberginenscheibe auf dem Antipasti-Teller, und beim Blindtest würde es nicht jeder schaffen, die beiden auseinanderzuhalten. Und doch, mir ist sie wichtig. Denn die Zucchini ist nicht nur anpassungsfähig, sie ist auch einfach immer da. Frische Erbsen, reife Aprikosen, Estragon, Artischocken – alles großartig, aber auch ziemlich rar, während sich fast immer irgendwo im Laden ein ganzer Turm Zucchini anbietet. In diesem Pesto übertrifft die Zucchini sich selbst und verwandelt sich auf fast schon unheimliche Weise in eine frische, grasig-grün schmeckende Pastasoße, in der niemand eine Zucchini vermuten würde.

Zucchini waschen, putzen, reiben, salzen und 30 Minuten ziehen lassen. Die Zucchini geben dann einen Teil ihrer Flüssigkeit ab. Während die Zucchini Wasser ziehen, die Pappardelle nach Packungsangabe in reichlich kochendem Salzwasser al dente kochen. Die Chilischote waschen, putzen und grob hacken. Basilikum und Petersilie waschen, trocken schütteln und die Blätter abzupfen. Pinienkerne in einer Pfanne ohne Fett kurz anrösten. Den Knoblauch schälen und den Parmesan fein reiben. Die Flüssigkeit, die die Zucchiniraspel abgegeben haben, abgießen und die Raspel mit der Hand fest ausdrücken. Dann vermengen mit Olivenöl, Chili, Basilikum- und Petersilienblättchen, Kapern, Pinienkernen, Knoblauch und Parmesan. 3 EL Pastakochwasser dazufügen. Alles mit dem Pürierstab zu einer glatten Masse mixen. Diese in etwas Öl in einer Pfanne erhitzen und die heißen Pappardelle hineingeben. Eventuell am Ende noch etwas Parmesan darüberstreuen.

SÜDFRANZÖSISCHE GEMÜSESUPPE (SOUPE AU PISTOU)

Zutaten für 3 bis 4 Personen
1 Zwiebel, 1 große Karotte, 2 kleine Zucchini, 250 g grüne Bohnen, 3 frische Knoblauchzehen, 1 EL plus 60 ml Olivenöl, Salz, 3 Tomaten, Gemüsebrühe oder Wasser, 1 Dose weiße Bohnen (250 g Abtropfgewicht), 100 g Pasta (eine kleine Variante wie Hörnchen), 2 Handvoll Basilikum, 50 g frisch geriebener Parmesan (vegetarische Variante), schwarzer Pfeffer

Suppen gelten ja als etwas langweilig beziehungsweise muss zu jeder Suppe ein sogenanntes Topping her, sonst wird sie schon gar nicht beachtet unter all den besonderen Gerichten, die heute stets nur eine Armlänge entfernt scheinen. Es stimmt schon, eine Soupe au Pistou ist einfach nur eine Gemüsesuppe. Aber sie schmeckt köstlich, und so ein Pistou (im Prinzip ein Pesto ohne Pinienkerne) ist das Topping der Träume. Die Zwiebel schälen und in Ringe schneiden. Karotte putzen, schälen und in 1 cm große Würfel schneiden. Zucchini putzen, waschen und ebenfalls 1 cm groß würfeln. Bohnen waschen, putzen und in 2 cm lange Stücke schneiden. Knoblauch schälen und fein hacken. Tomaten häuten: Haut einmal kreuzweise einritzen, Tomaten für 30 Sekunden in kochendes Wasser legen, dann kommen sie in ein Bad mit kaltem Wasser, die Haut lässt sich jetzt leicht abziehen. Die Zwiebeln in einem großen Topf in 1 EL Olivenöl ungefähr 5 Minuten lang unter Rühren andünsten. Gemüse zusammen mit Knoblauch und etwas Salz zu den Zwiebeln geben. Tomaten hinzufügen. Das Gemüse im Topf mit Gemüsebrühe oder Wasser bedecken und alles gar kochen, was ungefähr 15 bis 20 Minuten dauert. Dann die weißen Bohnen und die Pasta dazugeben, noch mal mit Wasser auffüllen, bis alles bedeckt ist, salzen – vorsichtig, wenn Sie Gemüsebrühe statt Wasser verwenden. Das Ganze aufkochen, dann die Temperatur runterschalten und köcheln lassen, bis die Pasta gar ist (Garzeit auf der Packung beachten). Wenn die Suppe zu dickflüssig ist, erneut Wasser (oder Gemüsebrühe) nachgießen. In der Zwischenzeit das Pistou zubereiten. Wer es schärfer mag, verwendet dafür Knoblauch, am besten frischen. Man kann den Knoblauch aber auch weglassen und trotzdem sehr glücklich werden mit seinem Pistou: Basilikum, Parmesan, Salz, Pfeffer, restliches Olivenöl (60 ml) mit dem Pürierstab zu einer glatten Masse pürieren.

KAROTTENPÜREE MIT KÜMMEL

Zutaten für eine Vorspeise für 2 Personen
750 g Karotten, Salz, 2 TL Kümmel, Olivenöl, Chiliflocken, schwarzer Pfeffer, Saft von ½ Zitrone, Joghurt (3,5 oder 10 % Fettanteil), 1 Knoblauchzehe

Ein Widerspruch unserer Zeit: Es gibt ein Misstrauen gegenüber allem Muslimischen und eine diffuse Angst vor kultureller Unterwanderung; doch in der Küche kann es gar nicht muslimisch genug zugehen. Das Verhältnis des Westens zum Mittleren Osten hat einen neuen Tiefpunkt erreicht und trotzdem bringt der Markt hier ein Kochbuch nach dem anderen zur muslimischen Esskultur hervor. Ich sage, halal wird die neue Trenddiät. Sorry, liebe Südamerikaner, ihr könnt auch toll kochen, aber uns verbindet eben nicht diese heiße Mixtur aus Sehnsüchten, Eroberungsfantasie und Reue. *Persepolis* heißt das Kochbuch der großartigen britischen Autorin Sally Butcher, in dem ich dieses Rezept gefunden habe – nach der antiken Stadt in Persien, wo 1979 die Repolitisierung des Islam ihren Ausgang nahm und damit für uns der Schlamassel begann. Aber egal, uns interessiert das Karottenpüree. Es besticht dadurch, dass die Karotten vor dem Pürieren im Ofen geröstet werden, sodass das Ganze nicht schmeckt wie Babybrei, sondern, in Verbindung mit dem Kümmel, höchst aromatisch.

Zunächst den Backofen auf 190 °C Umluft vorheizen. Die Karotten putzen, schälen, je nach Größe zurechtschneiden: Es sollen nicht zu schmale Stifte entstehen, wie auf dem Foto zu sehen ist. Zum Beispiel kann man sie einmal quer teilen und dann die Hälften der Länge nach vierteln. Auf einem mit Backpapier ausgelegten Blech verteilen, salzen, Kümmel darüberstreuen, etwas Öl darübergießen. Ungefähr 30 Minuten lang backen, eventuell länger. Die Garzeit variiert je nach Größe der Karottenstücke. Sie sollten zum Schluss weich sein und dürfen an der einen oder anderen Stelle Farbe annehmen. Etwas abkühlen lassen und mit Chiliflocken, Pfeffer, Zitronensaft und ungefähr 3 EL Olivenöl pürieren. Joghurt mit etwas Salz anrühren, eventuell eine fein gehackte Knoblauchzehe unterrühren und das Püree mit Joghurt und Brot servieren – z. B. als Vorspeise zu einer Lammtajine.

SOMMERLICHE BOHNENSUPPE

Zutaten für 6 Personen
250 g getrocknete weiße Bohnen, Salz, 3 Stangen Staudensellerie, 1 rote Paprikaschote, 1 Zucchini, 2 Handvoll Petersilie, Pfeffer, etwa 50 g Parmesan (vegetarische Variante, inklusive Rinde, z. B. Montello), reichlich Olivenöl, 1 Zitrone

Obwohl in der Gegend um die Kastanienallee in Berlin-Prenzlauer Berg kaum noch Menschen wohnen, die nicht jeden Tag betrunken in einem Park herumsitzen, hat das stille Restaurant Schädels dort seine Kundschaft gefunden. Es ist wie ein Traum von früher, als Berlin noch eine unscheinbare Stadt war: Die Menschen essen allein oder zu zweit an den kleinen Tischen, lesen Zeitung dabei, unterhalten sich leise, manchmal sitzt ein braves Kind dabei. Es werden einfachste Gerichte angeboten, die sich fast ein bisschen langweilig anhören: Pasta mit Thunfisch und Kapern, Risotto mit Gemüse, Ofenhuhn. Aber alles ist sorgfältig gekocht, oder vielmehr ist es so zubereitet, dass man den Wunsch des Kochs schmeckt, seinen Gästen eine Freude zu machen. Ich habe versucht, die Suppe aus weißen Bohnen nachzukochen, die ich dort neulich gegessen habe. Man nimmt dafür getrocknete Bohnen, die mindestens 12 Stunden einweichen müssen. Für viele ist es eine Herausforderung, sich am Morgen schon darauf festzulegen, am Abend Bohnensuppe zu essen – ist das Leben doch voller Überraschungen! Aber mit Bohnen aus der Dose lässt sich diese Suppe leider nicht kochen. Nach dem Einweichen werden die Bohnen 1 Stunde lang in Wasser gar gekocht. Erst zum Ende der Garzeit salzen und zum Schluss das Kochwasser auffangen. Sellerie waschen, in Scheibchen schneiden, Paprika entkernen, waschen, in Streifen schneiden und diese noch mal halbieren. Zucchini waschen, putzen, längs halbieren und in 0,5 cm dicke Scheiben schneiden. Petersilie waschen, trocken schütteln, Blättchen von den Stielen zupfen und die Stiele zu den Zucchinischeiben geben. Salzen, pfeffern und alles ungefähr 5 Minuten lang in Olivenöl dünsten. Bohnen dazugeben und mit dem Kochwasser bedecken – wenn es nicht reicht, frisches Wasser hinzufügen. Die Rinde des Parmesanstücks hinzufügen. Nach ungefähr 30 Minuten die Rinde entfernen, etwa 3 Kellen der Suppe herausnehmen und pürieren, die Masse zurück in den Topf geben. Petersilienblätter unterrühren. Mit Salz und Pfeffer abschmecken. Zum Servieren nach Geschmack mit Olivenöl und Zitronensaft beträufeln und mit geriebenem Parmesan bestreuen.

PROVENZALISCHES GRATIN

Zutaten für 2 Personen
1 Zweig Rosmarin, 2 Knoblauchzehen, 1 Zucchini, 1 gelbe Paprikaschote,
1 Aubergine, 6 mittelgroße Tomaten, 150 g Ziegenweichkäserolle (vegetarische Variante),
2 EL Olivenöl, Salz, schwarzer und roter Pfeffer

Ein alter Trick, den alle Frauen kennen: Wenn man sich mies fühlt und nichts zum Anziehen hat, greift man zum Lippenstift (was Männer tun, wenn sie nichts zum Anziehen haben, weiß ich nicht). Wenn man nicht weiß, was man kochen soll, schneidet man provenzalisches Gemüse in dünne Scheiben und dekoriert eine Auflaufform damit. Man kann die Scheiben schneckenhausförmig anordnen, wie die Arrondissements von Paris, man kann Streifen legen – am wichtigsten ist, dass die Scheiben aufrecht stehen. Dann nämlich kann man sein simples Gratin einen *Tian* nennen, nach einem traditionellen tönernen Topf, wie er in der Provence zum Einsatz kommt. Natürlich hat man bereits sehr oft Tomaten, Zucchini, Paprika und Auberginen in Kombination mit Ziegenkäse gegessen, aber sah das schon mal so gut aus? Außerdem brennen die oben etwas rausguckenden Gemüsescheiben ein bisschen an, während sie unten fast schon subschig werden, was darauf schließen lässt, dass die Franzosen sich mit Gemüse einfach sehr gut auskennen. Rosmarin waschen und trocken schütteln, die Nadeln abzupfen und fein hacken. Knoblauch schälen und ebenfalls fein hacken. Das Gemüse waschen, putzen und gleichmäßig in sehr dünne Scheiben schneiden. Immer abwechselnd in eine Auflaufform schichten. Den Käse ebenfalls in Scheiben schneiden. Zwischen die Gemüsescheiben steckt man dann den Ziegenkäse. In einer kleinen Schüssel Olivenöl, 1 EL Wasser, Salz, Pfeffer, Rosmarin und Knoblauch vermengen. Die Mischung über das Gemüse geben. Bei 180 °C Umluft 50 Minuten lang backen. Mit Brot servieren.

PASTA MIT ZUCCHINI, GORGONZOLA UND SAFRAN

Zutaten für 3 Personen
300 g Pasta (am besten eine kurze Sorte wie Fusilli oder Casarecce),
300 g Zucchini, 20 g Butter, 100 g Gorgonzola (vegetarische Variante),
ein paar Blättchen Basilikum, ca. 1 TL Safranfäden, Salz, schwarzer Pfeffer,
40 g frisch geriebener Parmesan (vegetarische Variante)

Die Zucchini weiß über sich wenig Interessantes zu berichten, deshalb sagt sie manchmal: Ich bin übrigens eigentlich eine Beere, wusstet ihr das? Ah, danke für die Info, Zucchini. Du bist trotzdem quasi farb- und geruchlos. Im vorliegenden Fall borgt die Zucchini sich das Charisma von Gorgonzola und Safran, die beide ja zum Narzissmus neigen, jedenfalls nicht ohne Aufmerksamkeit leben können. Oder hat man jemals etwas mit Gorgonzola gegessen und den Gorgonzola nicht bemerkt? Passiert der Zucchini ständig. Aber weglassen kann man sie auch nicht. Sie ist die ewige Stellvertreterin und auch in diesem Pastagericht zuständig fürs Solide. Zunächst setzt man die Pasta auf: Salzwasser zum Kochen bringen, Pasta hineingeben. Währenddessen die Zucchini grob reiben. In einem Topf Butter zergehen lassen. Die Zucchiniraspel darin andünsten, bei recht hoher Temperatur, aber dabei immer rühren, sodass sie nicht ansetzen. Nach ungefähr 5 Minuten gibt man 1 Kelle Pastakochwasser dazu. Deckel drauf, auf mittlere Temperatur schalten und das Ganze einige Minuten garen lassen. Ziel ist es, die Zucchini zerschmelzen zu lassen. Die Pasta sollte ungefähr 1 Minute vor Ende der angegebenen Kochzeit aus dem Topf genommen werden. Das Kochwasser braucht man noch, also nicht weggießen. Zu den Zucchiniraspeln gibt man den in Würfel geschnittenen Gorgonzola. Deckel wieder auf den Topf, bis der Käse geschmolzen ist. Topf vom Herd nehmen, die grob zerrupften Basilikumblätter hinzufügen, ebenso die Hälfte der Safranfäden. Die heiße Pasta in den Topf geben, noch ein bisschen Kochwasser dazugießen, vermengen, bis die Soße die Nudeln überzogen hat. Die andere Hälfte der Safranfäden hinzufügen. Nach Bedarf salzen und pfeffern. Parmesan darüberstreuen und unterrühren.

Früchte

BROKKOLI MIT TAHINI-DRESSING

Zutaten für 2 bis 3 Personen
500 g Brokkoli, 2 EL Tahini, 2 EL Olivenöl (plus etwas mehr zum Rösten der Nüsse), 2 TL Honig, Salz, etwas Zitronensaft, 100 g Cashewnüsse

»Ich habe Ihr Hummus-Rezept ausprobiert. Es hat mein Leben verändert.« Solche Zuschriften erhalte ich leider nie. Ella Woodward aber. Sie ist Autorin eines Gesundheitskochbuchs, das im englischsprachigen Raum ein Bestseller ist. Woodward, Anfang 30, Model und Erbin, hat über 2 Millionen Follower auf Instagram und verkauft auf ihrer Website Entsafter, T-Shirts und anderes. Ihre Story ist die: Sie erkrankte am Posturalen Orthostatischen Tachykardiesyndrom, POTS genannt. Vor allem junge Frauen bekommen es, zu den Symptomen gehören Ohnmachtsanfälle. Woodward stellte ihre Ernährung um, isst jetzt vegan und glutenfrei, und seither sind die Symptome verschwunden. Toll! Bevor aber Sie, lieber Leser, sich zu früh freuen, dass die vegane, glutenfreie Küche ja wirklich noch jedes Leid auf der Welt lindern kann, hier eine Einschätzung des erfahrenen POTS-Forschers Rolf R. Diehl vom Alfried-Krupp-Krankenhaus in Essen: »POTS verschwindet bei fast allen Patienten nach 5 Jahren wieder, bei vielen schon nach 1 Jahr.« Vielleicht kennen Sie aber folgende Situation: Sie werfen ein paar schöne Schweinerippchen auf den Grill, dazu gibt es 2 oder 3 Bier, dann ein Eis. Am nächsten Tag betrachten Sie reuevoll Ihren runden Bauch. In diesem Moment ist Ella Woodwards Kochbuch genau das Richtige. Sie finden darin Rezepte für winzige Snacks aus Gurken, für Grünkohlsalat, mit wenig mehr als einem Löffelchen Olivenöl angemacht, und für dieses minimalistische Brokkoli-Gericht. Aber lassen Sie das Buch nicht in die Hände Ihrer Teenagertochter geraten, sie wird es als perfekte Anleitung zur Essstörung lesen. Den Brokkoli in Röschen teilen, den Stiel schälen und würfeln. Brokkoli dämpfen oder in Wasser gar kochen. Er sollte weich, aber nicht zerkocht sein. Tahini, Olivenöl und Honig vermengen. Ella Woodward fügt kein Salz hinzu, ich würde es tun. Außerdem kann ein bisschen Zitronensaft nicht schaden (hat auch keine Kalorien). Die Nüsse grob hacken (Woodward nimmt 200 g, ich würde nur 100 g nehmen), in einer Pfanne mit etwas Olivenöl ein paar Minuten lang rösten. Brokkoli anrichten, Dressing und Nüsse darübergeben.

Die Eleganz der Kartoffel

SPÄTSOMMERLICHES KARTOFFELGRATIN (PATATE ARRAGANATE)

Zutaten für 4 Personen
500 g Kartoffeln, 300 g rote Zwiebeln, 400 g kleine Tomaten,
ein paar EL Olivenöl, Salz, Pfeffer aus der Mühle, 1 TL getrockneter Oregano,
1 Handvoll Basilikum, 1 EL Weißwein

In *Karneval der Tiere*, dem berühmten Werk des Komponisten Camille Saint-Saëns, tanzen die Elefanten zum tiefen Klang des Kontrabasses Ballett und glauben, sie seien Elfen, und ein bisschen stimmt es. So macht es auch die Kartoffel in diesem Gratin: In hauchdünne Scheiben geschnitten ist sie nicht mehr eine Runzelknolle, sondern ein zartes Gewächs, ein samtenes Bett für Tomaten und Zwiebeln, die auch sogleich dahinschmelzen. Mir war neu, dass ein Gratin auch ohne Käse auskommt. Aber so ist es. Das italienische Gericht heißt Patate arraganate, und es schmeckt frisch und ein bisschen süßlich – wie der späte Spätsommer. Den Backofen auf 180 °C Umluft heizen. Kartoffeln schälen und in sehr dünne Scheiben schneiden (mit einer Mandoline oder Vierkantreibe). Die Zwiebeln schälen und in sehr feine Streifen oder Ringe schneiden. Tomaten halbieren und entkernen. In einer Auflaufform etwas Olivenöl verteilen. Dann wird das Gemüse in die Auflaufform geschichtet, und zwar so: Zunächst den Boden der Form mit einigen Kartoffelscheiben bedecken. Salzen und pfeffern. Ein bisschen Oregano daraufgeben. Dann eine Schicht Zwiebelstreifen, ein paar Tomatenhälften ebenso wie ein paar mit den Fingern zerrupfte Basilikumblättchen auf den Kartoffeln verteilen, es folgen einige Spritzer Olivenöl; viel Öl schmeckt meiner Meinung nach besser. (Die Tomaten kann man ein bisschen platt drücken oder in kleinere Stücke rupfen, wenn sie zu viel Platz einnehmen.) Dann geht es von vorn los: Kartoffeln einschichten, Salz, Pfeffer und Oregano darauf, dann Zwiebeln, Tomaten, Basilikum. Das wiederholt man, bis sämtliches Gemüse verbraucht ist. Zum Schluss Weißwein darübergießen. Die Auflaufform fest mit Alufolie (oder einer wiederverwendbaren Folie) abdecken und das Ganze 45 Minuten lang im Ofen garen. Dann die Folie entfernen, noch mal 15 bis 20 Minuten backen. Das Gratin am besten zusammen mit einem grünen Salat servieren.

OBSTSALAT MIT STERNANIS UND BASILIKUM

Zutaten für 4 Dessert-Portionen
30 g Zucker, ½ kleine rote Chilischote, 1 Sternanis, 500 g Erdbeeren, 3 kleine Pfirsiche, 200 g Himbeeren, 2 TL fein gehacktes Basilikum, schwarzer Pfeffer aus der Mühle

Zum Servieren:
je 1 bis 2 EL Mascarpone

Das Wichtigste am Obstsalat ist, dass man ihn in eine Plastikschale packt, so kann sich unten am Boden dieser Schale das ganze Wasser sammeln, in dem das Obst dann schwimmt. Die Früchte sollten möglichst unreif und matschig zugleich sein. Gut passen auch eine Scheibe steinharter Kiwi, eine komplett geschmacksfreie Sternfrucht, und natürlich darf nicht dieses Obst fehlen, das irgendwie obstfarben ist und auch vage nach Obst schmeckt, aber man kommt einfach nicht darauf, nach welchem: eine Melone, ein Pfirsich? Scherz. So was gibt's nur am Hotelbuffet oder im Flugzeug, das bekommt man zu Hause gar nicht hin. Wir bereiten hier einen höchst eleganten Obstsalat nach einem (leicht abgewandelten) Rezept aus der *New York Times* zu. Mit Sternanis und Basilikum, schmeckt ganz und gar ungewöhnlich. Für das Dressing 90 ml Wasser, Zucker, Chilischote und Sternanis in einem kleinen Topf zusammen erhitzen und 10 bis 15 Minuten köcheln lassen, bis die Soße etwas eingedickt ist. Chili und Anis entfernen. Früchte waschen. Erdbeeren entkelchen, je nach Größe halbieren oder vierteln, Pfirsiche entkernen, in Stücke schneiden, beides zusammen mit den Himbeeren in eine Schüssel geben. Sirup darübergießen, alles vermengen. Basilikum dazugeben. Eventuell etwas schwarzen Pfeffer darüberstreuen. Mit Mascarpone servieren.

ERDBEER-PISTAZIEN-PAWLOWA

Zutaten für 6 Personen
2 TL Maisstärke, 2 TL Essig, 5 Eiweiß, 1 Prise Salz, 180 g Puderzucker (plus 2 EL für die Sahne), 1 EL Orangenblütenwasser, 60 g ungesalzene, fein gehackte Pistazien (plus etwas mehr zum Garnieren), 300 ml Schlagsahne, 1 TL Vanilleextrakt, 400 g Erdbeeren

Anna Pawlowna Pawlowa war eine russische Balletttänzerin, die im 19. Jahrhundert geboren wurde, also in einer Zeit, in der Frauen und Süßspeisen im Prinzip dasselbe waren. Deshalb wurde nach der Ballerina ein Baiser-Sahnetörtchen benannt, mit Erdbeeren, die darauf sitzen wie Krönchen. Wenn ich mal ein Dessert werde, möchte ich gern ein Sorbet sein, bittersüß und eiskalt. Oder eine Sahnetorte. Ich überlege noch. Den Backofen auf 200 °C Umluft stellen. Ein Backblech mit Backpapier auslegen. Maisstärke und Essig in einer kleinen Schüssel gut miteinander verrühren. In einer sauberen, hohen Schüssel Eiweiß und Salz mit dem Rührgerät steif schlagen. Dann den Zucker löffelweise und zwischendurch ebenfalls löffelweise die Stärke-Essig-Mischung hineinrühren. Die Meringue soll dick und glänzend werden. Orangenblütenwasser und die Hälfte der Pistazien dazugeben. Die Meringue mit einem Löffel auf das Backblech setzen, sodass eine Art Tortenboden entsteht, mit einem Durchmesser von etwa 25 cm. Die zweite Hälfte der Pistazien darüberstreuen. Das Blech in den Ofen schieben und die Temperatur sofort auf 100 °C herunterstellen. Meringue 2 Stunden lang backen. Dann den Ofen ausschalten und die Meringue bei offener Ofentür auskühlen lassen. In der Zwischenzeit die Sahne steif schlagen. Danach rührt man vorsichtig das Vanilleextrakt und die verbliebenen 2 EL Zucker unter. Die Erdbeeren halbieren oder vierteln. Auf der Meringue erst die Sahne vorsichtig verteilen, darauf die Erdbeeren setzen, die restlichen Pistazien darüberstreuen.

Ein Moment des Sommers

APRIKOSENKUCHEN (MARILLENFLECK)

Zutaten für 1 Backform (20 × 30 cm)
750 g Aprikosen, 250 g weiche Butter, 250 g Zucker, 5 Eier, Mark von 1 Vanilleschote, abgeriebene Schale von 1 Bio-Zitrone, 250 g Mehl

Die Grille hat nach dem Sommer nichts zu essen, weil sie nur schön gezirpt hat, bei der Ameise ist die ganze Speisekammer voll. Sie gibt bekanntlich der Grille nichts davon ab, aber nicht nur das, sie verhöhnt die Grille sogar. Die Ameise hat recht, ist aber ein Arsch. Auch keine Lösung. Der Sommer bietet alles in Überfülle: Wärme, Licht, Obst, Gemüse, der Winter nur die Kargheit, mit diesem Wechsel muss man ja erst mal zurechtkommen. Können nicht alle so hart mit sich selbst sein wie die Ameise. Ich denke jedes Mal, wenn ich an diesen Obstbergen auf dem Markt und in den Supermärkten vorbeikomme, ich sollte mehr einwecken und Konfitüre kochen, den Sommer festhalten, denn im Winter wird er mir fehlen. Aber ich habe keine Lust. Ich backe dafür Kuchen, einen nach dem anderen, denn den Moment zu genießen ist ja auch eine Art von Vorsorge für schlechte Zeiten. Diesmal gibt es Marillenfleck, zu Deutsch Aprikosenkuchen, einen Klassiker der österreichischen Küche, von dem unzählige Varianten in Umlauf sind. Diese hier ist meine *Best Practice*, abgeguckt von der Köchin Sarah Wiener. Sehr unkompliziert, ohne Streusel, ein einfacher Rührteig, der durch die darin versinkenden Aprikosen schön saftig wird. Den Backofen auf 180 °C Ober-/Unterhitze vorheizen. Die Aprikosen waschen, halbieren und entsteinen. Butter und Zucker mit den Quirlen des Handrührgeräts gut vermengen, Eier hinzufügen, cremig rühren. Vanille und Zitronenabrieb dazugeben. Dann das Mehl in die Teigmischung sieben und glatt rühren. Die Form mit Backpapier auslegen, den Teig hineinfüllen. Die Aprikosen mit der Schnittfläche nach oben dicht an dicht auf den Teig legen, ein bisschen andrücken, aber sie versinken beim Backen von selbst im Teig. Den Kuchen im Ofen 45 Minuten backen.

GEBACKENE PFIRSICHE (PEACH COBBLER)

Zutaten für 1 Auflaufform

Für die Füllung:
1 kg reife Pfirsiche (4 bis 5 Stück), 200 g Heidelbeeren, 5 EL Zucker, Mark von ½ Vanilleschote, 1 EL Maisstärke, 1 Prise Salz

Für den Teig:
50 g Haselnusskerne, 200 g Mehl, 60 g Zucker (plus 1 EL zum Bestreuen), 1 EL Backpulver, 1 Prise Salz, 120 g kalte Butter, 120 g Sahne

Ein Peach Cobbler ist ein in den USA sehr beliebtes Dessert, für das Obst im Ofen mit süßem Teig überbacken wird. »*To cobble something together*« heißt so viel wie etwas zusammenschustern, was das zugrunde liegende Prinzip fast aller Gerichte ist, die in diesem Buch vorgestellt werden. Denn was tun wir hier schon groß anderes, als ein paar Zutaten in Töpfe zu werfen? Der Zauber eines Cobblers aber liegt darin, dass er nur gefällige, ja geradezu unerwachsene Zutaten enthält, nichts, was in irgendeiner Weise eine Herausforderung für die Geschmacksnerven wäre – süß, warm und weich ist er. Ach, die Über-Ich-freie Küche Amerikas, ein Trost im grauen, kalten deutschen Sommer. Den Backofen auf 180 °C Ober-/Unterhitze vorheizen. Für die Füllung Pfirsiche entsteinen, in Achtel schneiden. Heidelbeeren in einem Sieb waschen, verlesen und abtropfen lassen. Pfirsiche mit Zucker, Vanillemark, Heidelbeeren, Maisstärke und Salz vermengen. In die Auflaufform geben. Für den Teig Haselnüsse in einer Pfanne ohne Fett 3 bis 5 Minuten lang rösten. Abkühlen lassen, mit dem Pürierstab oder im Mörser fein zerkleinern. Mit Mehl, Zucker, Backpulver und Salz in einer Schüssel vermengen. Die Butter in Würfel schneiden und hinzufügen. Die Zutaten in der Schüssel zu einem krümeligen Teig kneten. Die Krümel sollten ungefähr so groß wie Erbsen sein. Den Teig nicht zu lange kneten. Wenn die Butter zu weich wird, die Schüssel für 5 Minuten in den Kühlschrank stellen. Schließlich Sahne dazugießen und die Masse kurz glatt rühren. Aus dem Teig 8 bis 10 Kugeln formen, die man auf das Obst setzt und etwas flach drückt. Die Teigkugeln mit restlichem Zucker (1 EL) bestreuen. Cobbler 40 bis 45 Minuten lang im Ofen backen. Man könnte statt der Pfirsiche sicher auch Aprikosen, Pflaumen, Nektarinen, andere Beeren oder Kirschen verwenden. Allerdings sollte es Obst sein, das reif ist und gut schmeckt, nicht nur nach Wasser. Mein genereller Eindruck ist, dass der Geschmack von Früchten sich durch Hitze nur unwesentlich verbessert.

CLAFOUTIS MIT KIRSCHEN

Zutaten für 1 Spring- oder Auflaufform mit Ø 22 bis 24 cm
500 g Kirschen, 120 g Zucker, 3 Eier, 100 g Mehl, etwas Salz, Mark von ½ Vanilleschote, 60 g zerlassene Butter, 300 ml Milch

Als dieses Rezept in der Redaktionskonferenz angekündigt wurde, waren sich einige Kollegen sofort sicher, dass ich schon mal einen Kirschkuchen vorgestellt hatte. Jetzt ist es so weit, dachte ich, ich wiederhole mich. Nach 5 Jahren Kolumne, das ging schnell. Doch es war nur eine Schrecksekunde. Denn, liebe Kollegen, ich führe Buch über alles, was erscheint, und konnte sofort nachsehen: kein Kirschkuchen. Ihr habt euch also getäuscht, auch wenn ein Kirschkuchen so schlicht und wundervoll ist, dass man sich tatsächlich fragt: Warum erst jetzt? Dieser Kuchen ist streng genommen ein Clafoutis, das heißt, der Teig ist ähnlich flüssig wie ein Pfannkuchenteig. Im Limousin, einer menschenleeren, schönen Gegend in der Mitte Frankreichs, scheint es Gesetz zu sein, dass in so einem Clafoutis die Kerne in den Kirschen verbleiben, denn sie geben dem Ganzen wohl eine interessante Bitternote. Aber zu den Dingen, die ich in den vergangenen Jahren über das Kochen gelernt habe, gehört eine gewisse Ignoranz der Tradition gegenüber. Hielte ich mich an alle Regeln, die Großmütter im Limousin oder in der Toskana oder in Indien jemals aufgestellt haben, ich käme nicht mehr zum Kochen. Also, die Kerne kommen raus. Das ist nicht so leicht. Folgendes schlägt das Internet vor: Stiel entfernen, Kirsche mit dem Stielausgang nach oben auf einen Flaschenhals setzen, mit einem Schaschlikspieß durch die Frucht stechen, sodass der Kern in die Flasche fällt. Seltsam, aber funktioniert. Entsteinte Kirschen mit der Hälfte des Zuckers vermengen und 30 Minuten ziehen lassen. Eier und restlichen Zucker mit dem Schneebesen verrühren. Mehl, Salz und Vanillemark unterrühren, bis der Teig glatt wird. Zerlassene Butter (wenn sie abgekühlt ist) und Milch in den Teig gießen. Boden und Rand der Form buttern, mit Mehl bestäuben. Kirschen gleichmäßig verteilen, Teig darübergießen. Bei 180 °C Umluft 40 Minuten lang backen.

HERBST

Gibt es eine Gratin-Diät?

EINFACHE ZWIEBELTARTE

Zutaten für 1 Tarteform (3 bis 4 Personen)

Für den Teig:
250 g Mehl, 120 ml Olivenöl, 1 TL Salz

Für den Belag:
4 große milde Zwiebeln, 40 g Butter, Salz, Pfeffer, 100 ml Weißwein,
3 Anchovisfilets (nach Belieben), 2 Zweige Thymian

Ich nenne diese Zwiebeltarte »einfach«, aber sie verlangt einem doch etwas ab. Man muss nämlich Geduld haben. Die Zwiebeln müssen, bevor sie auf dem Teig im Ofen backen, erst mal ½ Stunde lang schonend gedünstet werden. Während die Zwiebeln mit aufreizender Langsamkeit in der Pfanne zergehen, fühlt der Koch sich, als quäle er sich durch eine dieser Meditations-Apps: Herrgott, muss ich jetzt wirklich nichts tun? Aber es lohnt sich durchzuhalten, denn die Transformation ist unglaublich. Eine rohe Zwiebel verbreitet ein beißendes Aroma, treibt einem Tränen in die Augen, sie tut, anders ausgedrückt, alles dafür, nicht gegessen zu werden. Eine geschmolzene Zwiebel dagegen ist wie ein schnurrendes Kätzchen: süß, warm, zart und sehr anschmiegsam. Es beginnt harmlos mit einem Mürbeteig aus Olivenöl. Mit den Knethaken des Rührgeräts werden Mehl, Öl und Salz vermengt, sodass sich Klümpchen bilden. 90 ml kaltes Wasser werden langsam dazugegeben. Weiterrühren, bis ein Teig entsteht, den man eventuell noch einmal mit den Händen durchknetet. Zwiebeln schälen und in feine Ringe schneiden – man sollte eine milde Sorte wählen, die ist meistens groß und weiß und derzeit auch im gut sortierten Supermarkt erhältlich und natürlich auf dem Wochenmarkt. Butter in einer Pfanne schmelzen. Zwiebeln darin andünsten, salzen, pfeffern, mit Weißwein ablöschen. 20 bis 30 Minuten lang unter Rühren bei schwacher Hitze dünsten. Die Zwiebeln sollen am Ende butterweich sein und keine Farbe annehmen. Wer will, kann gegen Ende der Garzeit noch optional 3 gehackte Anchovisfilets hinzugeben. Thymian waschen, trocken schütteln, die Blättchen abzupfen und diese zum Schluss hinzufügen. Zwiebelmischung gründlich abkühlen lassen. Den Backofen auf 180 °C vorheizen. In einer Tarteform Backpapier auslegen und darauf den Teig geben. Teig mit den Händen in die Form drücken. Mit einer Gabel den Teig mehrmals einstechen. Zwiebeln darauf gleichmäßig verteilen und die Tarte im heißen Ofen 30 Minuten lang backen.

TOSKANISCHE ZWIEBELSUPPE (CARABACCIA)

Zutaten für 3 Personen
1 kg Zwiebeln, Olivenöl, 2 Lorbeerblätter, Salz, schwarzer Pfeffer,
1 l Gemüsefond, 50 g Pecorino (vegetarische Variante), 50 g Gruyère (vegetarische Variante, oder ein anderer würziger halbharter Käse), 3 Scheiben helles Brot

Ich beginne mit den Nachteilen dieser Suppe, damit ich mit ihren Vorzügen schließen kann. Zunächst ist die toskanische Zwiebelsuppe nichts anderes als eine französische Zwiebelsuppe. Ich dachte, ich hätte etwas Neues entdeckt, als ich das erste Mal von der Carabaccia las. Aber es handelt sich schlicht um eine Soupe à l'oignon, mit dem für meinen plumpen deutschen Gaumen einzigen erkennbaren Unterschied, dass man etwas Pecorino hinzufügt. Zweiter Nachteil ist die Tatsache, dass man 1 kg Zwiebeln schälen muss. Das sind ungefähr 8 oder 9 Stück. Erst erscheint es einem nicht viel, aber schon bei der dritten Zwiebel wünscht man sich Erlösung. Ein weiterer Nachteil ist, dass alles von der Qualität der Brühe abhängt. Sie sollte also im besten Fall selbst gemacht sein, oder man nimmt eine aus dem Glas, die kann man teuer in Feinkostläden kaufen. Man fragt sich ja immer: Wer gibt so viel Geld für Brühe aus, wenn es Brühwürfel gibt? Nun, kluge Leute, wenn sie Zwiebelsuppe zubereiten. Jetzt aber zum Vorteil der Suppe: Sie schmeckt köstlich. Das ist alles. Zwiebeln schälen, in Ringe schneiden. In einen großen (feuerfesten) Topf geben und mit etwas Olivenöl, Lorbeer, Salz und Pfeffer bei schwacher Hitze und geschlossenem Deckel ungefähr 20 Minuten lang sanft dünsten. Brühe dazugießen. Flüssigkeit aufkochen, dann Hitze wieder runterschalten und die Suppe weitere 20 Minuten bei geschlossenem Deckel köcheln lassen. Inzwischen Pecorino und Gruyère reiben. Schließlich die Brotscheiben in die Suppe geben, sie sollen auf der Flüssigkeit schwimmen. Frisch geriebenen Pecorino und Gruyère darüberstreuen. Den Grill des Backofens anschalten und den Topf in den Ofen stellen, ungefähr 5 Minuten lang, bis der Käse geschmolzen ist.

LASAGNE MIT RADICCHIO

Zutaten für 3 Personen
1 kleine Zwiebel, 350 g Radicchio, etwas Olivenöl, Salz, Pfeffer,
50 g Butter, 50 g Mehl, 500 ml Milch, 1 Prise geriebene Muskatnuss,
150 g Gorgonzola (vegetarische Variante), 60 g Parmesan (vegetarische Variante),
ca. 9 Lasagneblätter

Die Gemüselasagne wird ihren Ruf als WG-Party-Essen wohl nicht mehr los. Allerdings: Was ist eigentlich so schlimm an WG-Partys? Diese Leute wissen, worauf es ankommt im Leben, nämlich nicht immer aufs Essen. Ich habe versucht, die Lasagne etwas eleganter zu machen, indem ich Radicchio statt bunten Paprika-Mix und Brokkoli verwendet habe. Allerdings bleibt die Béchamelsoße – und ja, das ist einfach das französische Wort für Mehlschwitze. Aber ich verspreche, die Lasagne schmeckt so gut, dass man die traurige Erkenntnis sofort wieder vergisst, wie schnell die eigene Jugend vorbeigegangen ist und wie extrem langweilig diese erwachsenen Pärchenabende mit Superessen oft sind. Zwiebel schälen, fein hacken und in Olivenöl anschwitzen. Radicchiokopf halbieren, vom Strunk befreien, in feine Streifen schneiden, waschen und trocknen. Zu den Zwiebeln geben und 5 Minuten lang dünsten, bis die Blätter weich sind. Salzen, pfeffern. Für die Béchamelsoße Butter im Topf schmelzen, Mehl dazugeben und mit dem Schneebesen kräftig rühren. Milch dazugießen und unter Rühren so lange erhitzen, bis sie eindickt. Salzen und mit Muskatnuss abschmecken. Gorgonzola würfeln, Parmesan reiben. Mit etwa ¼ der Béchamelsoße den Boden einer Auflaufform bedecken. (Meine hat eine Breite von 20 cm und eine Länge von 27 cm. So passen genau 3 Lasagneblätter nebeneinander. Ist die Form etwas kleiner und sollten sich die Blätter etwas überlappen, ist es wahrscheinlich auch nicht schlimm.) Auf die Soße 3 Nudelblätter nebeneinander schichten, dann die Hälfte des Radicchiogemüses darauf verteilen. Es folgt eine Hälfte der Gorgonzolawürfel, ein weiteres Viertel der Béchamel, wieder 3 Lasagneblätter – diese etwas andrücken, damit die Luft entweicht. Dann: der restliche Radicchio, der restliche Gorgonzola, ein Viertel Béchamel, 3 Pastablätter, leicht andrücken, der Rest Béchamel, Parmesan. Wenn man die Reihenfolge durcheinanderbringt: Macht nichts! Hauptsache, obendrauf ist Parmesan. Bei 180 °C Ober-/Unterhitze 30 bis 40 Minuten lang im Backofen backen.

SPAGHETTI MIT SAFRAN UND BUTTER

Zutaten für 2 bis 3 Personen
ein paar Safranfäden (ca. 1 g), Salz, 30 g Butter, 250 g Spaghetti,
Parmesan (vegetarische Variante) nach Geschmack

So wie andere Leute Plastikfolie über ihre Möbel legen, um diese vor Abnutzung zu bewahren, so horte ich Safran in meinem Gewürzschrank. Viel zu teuer, um ihn zu essen! Da liegt z. B. noch das Döschen, das ich vor Jahren von einer Reise mitgebracht habe ... Andererseits: Noch verschwenderischer, als gutes Geld für Safran auszugeben, ist es, gutes Geld für Safran auszugeben, den man dann nicht isst. Ich habe mich also auf die Suche nach einem Rezept mit möglichst viel Safran gemacht und dieses hier gefunden: Pasta allo zafferano ist in Italien offenbar ein fast gewöhnliches Gericht, ein naher Verwandter des Mailänder Risotto, und oje, schmeckt diese Pasta gut. Man kann das Ganze noch mit frischen Erbsen (im Frühjahr dann), mit gebratenen Shrimps oder Speckwürfeln oder einer dünn geschnittenen Zucchini verfeinern. Das Allerwichtigste aber, vielleicht noch wichtiger als der Safran, ist die Butter: das beste Gewürz überhaupt. Nur sind eben Butternudeln selbst für dieses Buch ein etwas zu schlichtes Gericht. In einer großen beschichteten Pfanne 500 ml Wasser mit Safran und 1 Prise Salz zum Kochen bringen. Butter hinzufügen. Wenn diese geschmolzen ist, Spaghetti in den Fond geben. Spaghetti in der Pfanne kochen, das ist ungewöhnlich und sieht aus, als hätte man was falsch gemacht. Aber Geduld. Aus diesem hässlichen Süppchen entsteht eine golden schimmernde, cremige Köstlichkeit. Auf mittlerer Hitze die Flüssigkeit langsam einkochen lassen. Die Pfanne nicht abdecken. Falls das Wasser verkocht ist, bevor die Spaghetti gar sind, noch etwas Wasser nachgießen. Am Ende soll keine Flüssigkeit mehr in der Pfanne stehen. Parmesan reiben und unterrühren. Sofort servieren.

It's Crumble-Time

KÜRBIS-CRUMBLE

Zutaten für 4 Personen
1 kg Hokkaidokürbis, 2 Knoblauchzehen, 3 EL Olivenöl, 2 EL Ahornsirup,
1 TL Zimt, 1 TL gemahlener Ingwer, 1 Prise frisch geriebene Muskatnuss,
Salz, schwarzer Pfeffer

Für den Belag:
60 g gesalzene Butter, 50 g Haselnüsse, 50 g Mandeln,
60 g gemahlene Mandeln

Ich wusste bereits, dass fast jedes Obst crumblefähig ist. Ich habe schon Äpfel, Zwetschgen, Pfirsiche, Rhabarber, Feigen gecrumbelt, man kann sagen, es gäbe meine Kolumne nicht, gäbe es keine Crumbles. Aber dass man auch aus Gemüse einen Crumble machen kann, das war mir neu. In einem französischen Kochbuch stieß ich auf diese Tatsache, nämlich auf ein Rezept für einen Kürbis-Crumble. Ich habe weitere Recherchen angestellt: Man kann Crumble auch mit Pastinaken, Karotten, Sellerie, Kartoffeln zubereiten, ja sogar mit Brokkoli. Was bedeutet diese Neuigkeit für Sie und mich, lieber Leser, liebe Leserin? Ich denke, Sie wissen es schon. Es wird natürlich auch noch andere Rezepte geben, aber es wird, darauf müssen Sie sich einstellen, der Winter des Crumbles.

Den Backofen auf 180 °C Umluft vorheizen. Den Kürbis waschen, die Enden abschneiden. Kürbis halbieren und dann (mit Schale) in 1 cm dicke Streifen schneiden. Diese in einer Auflaufform nebeneinanderlegen. Die Knoblauchzehen schälen, zerdrücken und fein hacken, vermengen mit Olivenöl, Ahornsirup, Zimt, Ingwer, Muskat, Salz und Pfeffer. Die Mischung über dem Kürbis verteilen. Das Ganze 25 Minuten im Ofen backen. Für den Belag die Butter zerlassen. Die ganzen Nüsse mit dem Messer fein hacken. Die Hälfte mit zerlassener Butter und gemahlenen Mandeln vermengen und auf dem Kürbis verteilen, die restlichen Nüsse darübergeben. Die Auflaufform zurück in den Ofen stellen und den Crumble in weiteren 25 Minuten fertig backen.

GRATINIERTER BLUMENKOHL

Zutaten für 4 Personen
700 g Blumenkohl, 2 Knoblauchzehen, 150 ml Sahne, 2 Lorbeerblätter, Salz, schwarzer Pfeffer, 1 Zweig Thymian (getrocknet oder frisch), 120 g Comté (vegetarische Variante), 50 g Semmelbrösel

Yotam Ottolenghis Lebenswerk, so wird es später heißen, besteht darin, den Blumenkohl von seinem kohligen Ruf befreit zu haben. Mit Kumin, Chili, Honig, Kurkuma verhalf er ihm zu neuem Glanz. Über mich wird es heißen: Elisabeth Raether führte den Blumenkohl wieder zu seinem wahren Wesen zurück. Sie war so kühn, inmitten der Ottolenghi-Hochzeit einen Blumenkohl ganz ohne Kumin einfach mit Käse zu überbacken. Visionär. Und sie fügte Semmelbrösel hinzu! Die Leute konnten es nicht glauben. Ihre eigene Familie zweifelte an ihr: Ist das nicht ein Achtzigerjahre-Gericht? Doch sie aßen das Gratin ganz und gar auf, guckten glückselig hinterher, denn draußen regnete und stürmte es, und da wusste Elisabeth Raether, dass sie richtiggelegen hatte. Folge deinem Instinkt. So entsteht Großes. Sei du selbst. Iss Blumenkohl, womit du willst. Den Blumenkohl in seine Röschen zerteilen, diese waschen. Knoblauch schälen und mit der breiten Seite des Messers leicht andrücken. Sahne in einem Topf erhitzen. Lorbeer hinzufügen sowie die Knoblauchzehen, salzen und pfeffern. Wenn die Sahne heiß ist, den Blumenkohl hinzugeben. Bei geschlossenem Deckel bei mittlerer Hitze 10 bis 15 Minuten weich garen (aber nicht zu weich, der Blumenkohl sollte nicht zerfallen). Dann zusammen mit der verbliebenen Flüssigkeit in eine Auflaufform geben, Thymianblättchen vom Zweig streifen und darüberstreuen. Den Backofen auf 170 °C Umluft vorheizen. Comté reiben, mit den Semmelbröseln vermengen. Auf dem Blumenkohl verteilen. Das Gratin ungefähr 25 Minuten im Ofen backen, bis die Oberfläche etwas Farbe angenommen hat und knusprig ist. Dazu passt ein grüner Salat mit Vinaigrette (am besten eine, die mit scharfem Senf angerührt ist).

GRATIN MIT WEISSKOHL UND MARONEN

Zutaten für 4 Personen
1 kleiner Kopf Weißkohl (ca. 800 g), 2 EL Olivenöl, Salz, 50 g Butter,
4 kleine Zwiebeln, 4 Knoblauchzehen, 100 ml Weißwein, 200 g Crème fraîche,
1 EL scharfer Senf, 100 g Gruyère (vegetarische Variante, oder Comté oder ein ähnlicher Käse),
200 g vorgekochte Maronen

Ich finde es unhöflich, wenn man anderen Leuten erläutert, welche Diät man gerade macht. Es ist langweilig und übergriffig zugleich, eine seltene Kombination. Verzichtet gern auf Zucker, trackt eure Makros, führt ein Food-Journal, esst nur Eier und Ananas, aber redet nicht darüber. Jedenfalls nicht mit mir. Sonst denke ich vielleicht noch, ich muss auch eine Diät machen. Was soll dann aus meiner Kolumne werden? Oder gibt es eine Gratin-Diät? Dieses Rezept für überbackenen Weißkohl stammt von Joe Woodhouse, einem Anti-Ottolenghi, der lieber mit fetten Milchprodukten statt mit Kreuzkümmel kocht. Zunächst den Backofen auf 180 °C Umluft heizen. Weißkohlkopf in etwa 8 große Schnitze zerteilen, die man in eine Auflaufform setzt. (Man sollte eine Form nehmen, in der die Schnitze nebeneinander Platz finden.) Olivenöl darüber verteilen, salzen. Für ungefähr 45 bis 60 Minuten im Ofen rösten, bis der Kohl gar ist. Butter in einem kleinen Topf zerlassen. Zwiebeln und Knoblauch schälen, grob hacken, zur Butter geben, ebenso etwas Salz. Für etwa 15 bis 20 Minuten köcheln lassen, währenddessen ab und zu umrühren, bis die Zwiebeln weich sind; sie sollen dabei auf keinen Fall bräunen. Wein dazugießen, eventuell Temperatur erhöhen, die Mischung soll etwa 2 Minuten lang köcheln. Das Ganze zusammen mit Crème fraîche, Senf und der Hälfte des geriebenen Käses mit dem Pürierstab zu einer Soße mixen. Mit Salz abschmecken. Weißkohl aus dem Ofen nehmen. Maronen mit den Fingern zerkleinern und zum Kohl in die Form geben. Soße in die Form gießen, um die Schnitze herum und darauf. Die andere Hälfte des geriebenen Käses darauf verteilen und noch einmal 30 bis 40 Minuten im Ofen backen.

1/2
CUP
125

ROSENKOHL MIT HONIG UND CHILIBUTTER

Zutaten für 2 Personen
500 g Rosenkohl, etwas Olivenöl, Salz, Pfeffer, 80 g flüssiger Honig,
40 ml Weißweinessig, 1 TL Chiliflocken, 40 g Butter, 3 Frühlingszwiebeln,
abgeriebene Schale von 1 Bio-Zitrone

Zur Inspiration blicke ich manchmal in das *Kiehnle Kochbuch* von 1912, das meine Großmutter mir hinterlassen hat. Zum Rosenkohl steht darin in Frakturschrift: »Die vorgerichteten Röschen werden in Salzwasser 5 bis 10 Minuten gekocht, in der heißen Butter Zwiebel und Petersilie gedämpft, die Röschen, Gewürz und wenig Fleischbrühe zugegeben und vollends gar gedämpft.« Ein so unehrgeiziges Rezept, dass selbst ich es nicht abdrucken würde. Aber der Rosenkohl war damals noch die Beilage, er existierte in der Küche nur, um ein Stück Fleisch erstrahlen zu lassen. Vergleichbar mit der gesellschaftlichen Rolle der Frau damals (das Fleisch war der Mann). Das folgende Rosenkohlrezept habe ich in einem amerikanischen Kochmagazin gefunden. Die Röschen rösten dabei im Ofen und baden dann in einer luxuriösen Mischung aus Butter, Chili und Honig. Rosenkohl ist heute ein selbstbewusstes Gemüse, unabhängig und stark, und will nicht mehr nur das Fleisch in seinem Fleischsein bestätigen. Den Backofen auf 180 °C Umluft vorheizen. Die Röschen waschen und putzen, also die äußeren Blätter entfernen, dann die Röschen halbieren. In einer Schüssel mit etwas Olivenöl, Salz und Pfeffer vermengen, auf einem mit Backpapier ausgelegten Backblech gleichmäßig verteilen und im heißen Ofen auf der mittleren Schiene 20 bis 25 Minuten lang backen (die Garzeit hängt von der Größe der Röschen ab). In der Zwischenzeit Honig in einem kleinen Topf aufkochen, auf mittlere Hitze stellen und 3 bis 4 Minuten lang simmern lassen (aufpassen, dass der Honig nicht ansetzt). Topf vom Herd nehmen und Essig und Chiliflocken hineinrühren. Wieder auf den Herd stellen, Butter und 1 Prise Salz hinzufügen. Rühren, bis die Soße etwas eindickt. Frühlingszwiebeln putzen, waschen und in feine Ringe schneiden. Den Rosenkohl aus dem Ofen nehmen, in eine Servierschüssel oder Ähnliches geben, die Chilibutter darübergießen. Zum Schluss den Abrieb der Zitrone und die Frühlingszwiebeln unterheben. Gut möglich, dass diese Chilibutter auch zu anderem Ofengemüse sehr gut schmeckt.

FULL BODIED
Medium
SHERRY
SHERRY

Einen Aperitif?

CAKE MIT ZIEGENKÄSE, ROSINEN UND WALNÜSSEN

Zutaten für 1 Kastenform mit 26 cm Länge (für 3 Personen)
50 g Rosinen, 2 Eier, 100 ml Milch, 150 g Mehl, 1 TL Backpulver,
100 ml Sonnenblumenöl, 100 g Gruyère (vegetarische Variante), 50 g Walnüsse,
200 g Ziegenkäserolle (vegetarische Variante, junger Ziegenkäse)

In Frankreich ist die wertvollste Mahlzeit des Tages nicht das Frühstück, sondern der Snack zum Aperitif. So wie es hier bei uns Müslisorten gibt, gibt es dort Ideen für kleine Speisen, die besonders gut zum ersten Glas Alkohol am Abend passen: Cracker, Dips, Terrinen, Teigtäschchen, Tartelettes. Zu welcher Tageszeit und Gelegenheit isst man also einen salzigen Kuchen mit Käse, Rosinen und Walnüssen? Zum Aperitif. Und kann man einen Aperitif auch allein zu Hause abhalten, ohne dass Gäste kommen? Absolut. Muss auf den Aperitif unbedingt ein richtiges Abendessen folgen? Gar nicht. Denn auch dafür haben die Franzosen eine Lösung. Wenn man hängen bleibt oder sich nicht mehr zu Größerem aufraffen kann, nennt man das Ganze einfach *Apéritif dînatoire*, ein Aperitif-Dinner.

Den Backofen auf 180 °C Umluft heizen. In einer Schüssel die Rosinen mit etwas heißem Wasser bedecken, ziehen lassen. In einer anderen Schüssel Eier und Milch verquirlen, Mehl und Backpulver hinzugeben, dann das Öl. Alles gut vermengen. Den Gruyère reiben, die Walnüsse grob hacken, Ziegenkäse in Würfel schneiden, Rosinen abgießen und gut abtropfen lassen – alles unter den Teig rühren. Die Kastenform mit Backpapier auslegen, Teig hineinfüllen. Den Cake 45 Minuten lang im Ofen backen.

Freude aus Birnen

Net Wt - Poids Net
17.6 oz (500g)
RISO
RICE - RIZ

RISOTTO MIT BIRNEN UND GORGONZOLA

Zutaten für 4 Personen
1 kleine Zwiebel, Olivenöl, Salz, 300 g Risottoreis, 150 ml Weißwein,
750 ml Gemüsebrühe, 3 kleine reife Birnen, 130 g Gorgonzola (vegetarische Variante),
100 g Parmesan (vegetarische Variante),
50 g Butter

Niemals hätte ich gedacht, dass ich noch eine neue Zutat für ein Risotto finden würde. Ich dachte, ich hätte jede Risottovariante, die es gibt, schon einmal gegessen. Es hatte sich schon ein leichter Risotto-Ennui eingestellt, diese Melancholie im Zustand der Übersättigung: Ach, schön war es, aber jetzt ist das Feuer erloschen. Dann kam ich auf die Birne. Sie passt perfekt, zumal wenn man zusätzlich zum Parmesan noch Gorgonzola dazugibt. Wahrscheinlich wurde der Risotto alle pere schon vom antiken Volk der Italiker gegessen. Für mich aber ist ein Birnenrisotto eine Entdeckung, und das ist – Entschuldigung – alles, was zählt. Ich bin nun voller neuer Kochfreude, voller Lebenskraft, überzeugt davon, dass großartiges Essen darauf wartet, von mir entdeckt zu werden. Die Zwiebel schälen, fein hacken, in Olivenöl mit etwas Salz ungefähr 7 Minuten lang anschwitzen. Den Reis dazugeben, kurz mitdünsten, dabei rühren, damit er nicht ansetzt. Mit Wein ablöschen, Flüssigkeit einkochen lassen. Dann mit Brühe aufgießen, sodass der Reis gerade bedeckt ist. Einkochen lassen. Diesen Vorgang wiederholen, bis der Reis gar ist, das heißt ungefähr 20 Minuten lang. Sollte die angegebene Menge Brühe nicht ausreichen, nimmt man etwas mehr. Sollte der Reis gar sein, bevor sie aufgebraucht ist, nimmt man etwas weniger Brühe. Währenddessen die Birnen schälen, Gehäuse entfernen (allerdings sollte man dabei das regelmäßige kräftige Rühren im Risotto auf keinen Fall vergessen). Die Hälfte der Birnen mit dem Mixer pürieren, die andere Hälfte in kleine Würfel schneiden. Gorgonzola in Würfel schneiden, Parmesan reiben. Wenn der Reis gar ist, Birnenwürfel und -püree, Gorgonzola, Parmesan und Butter unterrühren. Gut umrühren, dann kurz ziehen lassen. Man kann auch einen anderen Käse statt Gorgonzola verwenden: Roquefort, Fourme d'Ambert, Taleggio. Und vielleicht könnte man auch ein paar in Streifen geschnittene Radicchioblätter mitkochen oder zum Schluss ein paar gehackte Walnüsse unterrühren.

Prost, Herbst!

ROTWEINGELEE

Zutaten für ca. 4 Gläser
750 ml leichter Rotwein, 500 g Gelierzucker (2:1),
6 Zweige frischer Rosmarin

Ich habe eine sozialverträgliche Möglichkeit gefunden, morgens schon Rotwein zu genießen: Ich koche ihn mit Zucker zu einem Gelee ein. Noch besser als morgens zum Butterbrot schmeckt so ein Gelee allerdings zu Käse nach einem Abendessen. Im Prinzip besteht Rotweingelee tatsächlich nur aus Wein und Zucker, was zugegebenermaßen nicht besonders attraktiv klingt und das Gegenteil der beliebten Avocado-Quinoa-Küche ist. Aber so sollte man das nicht sehen. Weingelee schimmert schön rubinrot im Glas und schmeckt nach goldenem Herbst und irgendwie ein bisschen ungewöhnlich. Außerdem verkocht der Alkohol sowieso (glaube ich). Und ich gebe noch Rosmarinzweige dazu, die sind immerhin nicht komplett ungesund. Mögliche Zutaten wären auch Thymian, Zimt, Sternanis, Orangen- und Zitronenschale, Kardamom. Auch könnte man statt Rotwein einen weißen Süßwein nehmen, z. B. Sauternes, und nach demselben Prinzip vorgehen. Weißweingelee passt offenbar ganz besonders gut zu Gänsestopfleber. Genaueres kann ich dazu nicht sagen. Wer öffentlich zugibt, dass er gern Gänsestopfleber isst, bekommt ein Problem. Das Gute aber ist, dass man ja gar nicht alles, was man tut, öffentlich tun muss. Den Rotwein, z. B. einen Spätburgunder, mit dem Zucker in einen Topf geben. Rosmarin waschen und trocknen, im Ganzen dazugeben. Alles aufkochen und 4 Minuten lang bei starker Hitze sprudelnd kochen. Gelierprobe machen: Man gibt einen Teelöffel vom heißen Gelee auf einen Teller und hält ihn schräg. Wird die Masse zähflüssig, ist das Gelee fertig. (Was die Garzeit betrifft, sollte man sich in jedem Fall vor dem Kochen die Kochanleitung auf der Zuckerpackung einmal durchlesen.) Die Rosmarinzweige herausfischen und das Gelee noch heiß in saubere Gläser füllen.

WINTER

Übrigens reicht es schon, sich halbwegs gesund zu ernähren

BERLINER ERBSENSUPPE GANZ ANDERS

Zutaten für 4 Personen
1 Zwiebel, 1 Knoblauchzehe, 1 Stück Ingwer, 70 g Karotten,
½ TL Chiliflocken, 1 TL gemahlene Kurkuma, Pflanzenöl (z. B. Kokosöl),
250 g halbe gelbe Schälerbsen, 400 g Kokosmilch, Salz

Es soll hier um Schälerbsen gehen, diese kleinen gelben Dinger, die es für keine einsfuffzig die 500-Gramm-Packung im Supermarkt gibt. Normalerweise macht man damit Berliner Erbsensuppe mit Würstchen, aber ich habe sie für dieses Rezept einmal zu einer ganz anderen Suppe verarbeitet, ohne Wurst, dafür mit Kokosmilch, Chili und Kurkuma. Bevor ich mir von Jens Spahn oder Alexander Dobrindt oder einem dieser neuen Pop-Konservativen den Vorwurf einhandle, ich sei Teil der Berliner Hipsterblase, die alles Deutsche missachte, muss ich sagen: Stimmt teilweise. Denn man muss auch zugeben können, wenn man etwas nicht kann, und mit dem Kochen haben es die Deutschen nun mal nicht so. Da lässt sich trotz wiederentdecktem Nationalismus leider nicht viel machen. Aber vor allem kann ich zu meiner Verteidigung vorbringen, dass ich in meiner Kolumne schon ein Rezept für Berliner Erbsensuppe inklusive Wurst veröffentlicht habe, als Dobrindt noch Verkehrsminister war und auch er wohl nicht ahnte, dass die Sinnsuche des deutschen Konservatismus ausgerechnet zu ihm führen würde. Bei der Zubereitung dieser Erbsensuppe bleibt das Eintopfprinzip gewahrt. Man fängt an mit der Zwiebel, die man schält, in Streifen schneidet und zusammen mit der geschälten, leicht angedrückten Knoblauchzehe, fein gehacktem oder geriebenem Ingwer, den in kleine Würfel geschnittenen Karotten, Chiliflocken und Kurkuma in einem großen Topf in heißem Öl ein paar Minuten lang unter Rühren anschwitzt. Falls es am Boden ansetzt, einen Schluck Wasser dazugeben. Die Erbsen in den Topf geben, mit 400 ml Wasser und Kokosmilch aufgießen, salzen. Bei geschlossenem Deckel alles 45 Minuten lang, oder bis die Erbsen gar sind, simmern lassen.

SELLERIESUPPE MIT SAFRAN

Zutaten für 6 bis 8 Personen
1 kg Sellerieknollen, 1 große Zwiebel, 30 g Butter, Salz, 1 l Wasser,
½ TL Safranfäden, 200 g Schlagsahne, etwas Zitronensaft

Sellerie und Safran: Diese Suppe besteht aus einem sehr günstigen Gemüse, das mit einem sehr teuren Gewürz aromatisiert wird. Mir kommt es so vor, als sei das eine ganz besondere Spielart des Snobismus, dessen Regeln ich aber leider nicht begreife. Wie auch immer, mir schmeckt diese Suppe einfach. Zumal Butter und Sahne drin sind, und um an diesen beiden Zutaten Gefallen zu finden, muss der Gaumen nicht geübt sein. Für die Suppe die Sellerieknollen schälen und in 2 cm große Würfel schneiden. Zwiebel schälen, hacken und in Butter in einem großen Topf anschwitzen. Salzen und ungefähr 5 Minuten lang unter Rühren dünsten. Dann Sellerie dazugeben und mit Wasser ablöschen. 1 großzügige Prise Salz hinzufügen. 15 bis 20 Minuten lang bei geschlossenem Deckel köcheln lassen, bis die Selleriestücke weich sind. Das Gemüse abgießen, den Fond auffangen. Die Safranfäden im Mörser zerstoßen und zum Sellerie geben. Sellerie pürieren, die Sahne und so viel von dem Fond dazugeben, dass eine Suppe entsteht. (Meistens ist das der gesamte Fond.) Mit Salz und Zitronensaft abschmecken. Und was macht man mit dem Safran, der übrig bleibt? Hier ein paar Vorschläge: einen extravaganten Kartoffelsalat, eine Bouillabaisse (aber ohne mich, ich weiß halbwegs, wie es geht, kriege es aber trotzdem nicht hin), einen Kuchen – es gibt z. B. im Libanon einen Grießkuchen namens Sfouf. Safran passt auch gut zu Blumenkohl, und wo Blumenkohl ist, ist Ottolenghi nicht fern. Er löst die Fäden in ein wenig heißem Wasser auf, reibt damit und mit ein bisschen Olivenöl die Blumenkohlröschen ein und gibt diese dann mit roten Zwiebeln und Sultaninen in den Ofen.

MINESTRONE

Zutaten für 6 bis 8 Personen
Olivenöl, 1 Zwiebel, 2 Knoblauchzehen, 2 Karotten, 2 Selleriestangen,
2 Lauchstangen, ½ Bund Basilikum, 2 Thymianzweige, Salz, Pfeffer,
3 kleine Kartoffeln, 150 g geschälte Tomaten, 250 g weiße Bohnen aus der Konserve
(z. B. Cannellini), 1 Stück Parmesan (vegetarische Variante, inklusive Rinde, z. B. Montello,
die Rinde aufbewahren) 200 g Pasta (z. B. Muschelnudeln), 200 g Wirsing

Kurz vor Weihnachten kann eine Mahlzeit ohne Fleisch und Zucker nicht schaden. In den USA sind die Leute inzwischen so fett, dass ihnen Gemüse wie Medizin verschrieben wird. Statt Medikamenten, die die Symptome des Übergewichts behandeln, bekommen adipöse Patienten im Harlem Hospital Center in New York Essensmarken, um sie auf dem Wochenmarkt einzutauschen. So weit soll es mit uns nicht kommen. Man muss nicht jedes Plätzchen essen, das einem angeboten wird. Zwiebel schälen, in Streifen schneiden. Knoblauch schälen und hacken. Sellerie und Lauch putzen, waschen und klein schneiden. Basilikum waschen, trocken schütteln, die Blätter von den Stielen zupfen – Stiele hacken. In einem großen Topf Olivenöl erhitzen. Vorbereitetes Gemüse zusammen mit Thymian und etwas Salz und Pfeffer anschwitzen. Hitze herunterschalten, die Gemüsemischung 20 Minuten lang unter regelmäßigem Rühren dünsten. Wasser dazugießen, sodass das Gemüse knapp bedeckt ist. Außerdem geschälte, klein geschnittene Kartoffeln, Tomaten und abgegossene Bohnen dazugeben sowie die Rinde eines Parmesanstücks. 30 Minuten lang zugedeckt köcheln lassen. Dann Pasta und in Streifen geschnittenen Wirsing dazu, 10 Minuten weiterköcheln lassen. Parmesanrinde und Thymianzweige entfernen. Die Suppe auf Tellern verteilen, etwas Olivenöl darübergeben, geriebenen Parmesan und klein gehackte Basilikumblätter darüberstreuen.

DIP AUS WEISSEN BOHNEN MIT FENCHELSAMEN

Zutaten für eine Vorspeise für 4 Personen
1 ½ TL Fenchelsamen, 1 Dose oder Glas weiße Bohnen (400 g),
1 Knoblauchzehe, 1 TL abgeriebene Bio-Zitronenschale, 50 ml Olivenöl,
1 TL Salz, schwarzer Pfeffer, 2 TL Zitronensaft

Ist das etwa eine Konservendose auf dem Foto? Ja. Und ja: Ich koche manchmal mit konservierten Nahrungsmitteln. Ich weiß, für manche ist es das Ende der Welt, wie sie sie kannten, denn wohin soll es mit unserem Land gehen, wenn jetzt sogar Rezeptkolumnisten aus der Dose kochen? Aber ich bin eben nachsichtig, mit mir selbst und den Kochenden. Ich denke, man darf heute schon stolz sein, wenn man sich nicht ausschließlich von Cornflakes und Sandwiches und dem Zeug ernährt, das einem am Bahnhof als Essen verkauft wird. Ich könnte mir aber vorstellen, dass man für dieses Gericht auch getrocknete Bohnen verwenden kann. Man müsste sie wohl über Nacht einweichen, bevor sie dann in viel Wasser gar gekocht werden.

Getrocknet oder aus der Dose, die weiße Bohne ist wegen ihrer Vergangenheit als Cowboyessen nicht wohlgelitten in der vornehmen Küche, aber ich finde, es gibt nichts an ihr auszusetzen. Sie müsste der kichererbsensüchtigen Gesellschaft, die wir sind, doch eigentlich sehr gefallen. In einer beschichteten Pfanne ohne Fett die Fenchelsamen rösten, bis sie duften. Das dauert ungefähr 1 bis 2 Minuten. (Man sollte auf keinen Fall bis zur Rauchentwicklung warten.) In einem Mörser fein zerstoßen. In einer Schüssel Fenchelsamen, abgetropfte Bohnen, geschälten Knoblauch (wenn man will), Zitronenschale und -saft zu einer Masse pürieren. Dann langsam das Öl hinzugießen und dabei den Pürierstab weiterlaufen lassen. Zum Schluss abschmecken mit Salz, schwarzem Pfeffer und Zitronensaft.

Zu Weißbrot und Rohkost wie Fenchel, Karotten und Gurken ist der Dip eine gute Vorspeise. In einem italienischen Restaurant habe ich neulich gebratenen Löwenzahn zu einem Püree aus weißen Bohnen gegessen. Mit im Ofen gebackenem Kürbis, Süßkartoffeln und/oder Pastinaken wird aus dem Mus ein kleines, aber schönes Abendessen.

ROTE-BETE-PASTE

Zutaten für eine Vorspeise für 2 Personen
1 kg Rote Beten, Olivenöl, Salz, 120 g Mandeln, 2 kleine Knoblauchzehen,
5 EL saure Sahne, Saft von 1 Zitrone

Rezepte zur fleischfreien Breichenkost – so nennen einige meiner männlichen Kollegen meine Kolumne und werden sich bestätigt fühlen, wenn ich diese Paste aus Roter Bete vorstelle. Ich ziehe aus diesen Aussagen aber keine Schlüsse, das männliche Essverhalten im Allgemeinen betreffend, denn ich habe die Erfahrung gemacht, dass man mit pauschalen Annahmen meistens knapp danebenliegt. Ich kann mir zwar nicht vorstellen, dass Männer sich zum Abendessen rosafarbene Gemüsedips zubereiten, aber wenn alles, was meine Vorstellungskraft übersteigt, tatsächlich nicht existieren würde, könnte man nicht mal nach Übersee telefonieren. Es handelt sich bei diesem Rezept um eine Variante der türkischen Vorspeise *pancar ezmesi*. Dafür kann man die Rüben dämpfen, bevor man sie püriert. Ich finde es aber besser, sie im Ofen zu rösten, denn ich habe eine seltsame Vorliebe für das süßliche Aroma von Gemüse, wenn es schon fast getrocknet aus der Backröhre kommt. Den Backofen auf 180 °C Umluft vorheizen, Rote Beten schälen und vierteln, große Rüben achteln. Auf einem mit Backpapier ausgelegten Blech verteilen, mit Öl benetzen, salzen. 50 bis 60 Minuten lang im Ofen lassen. Etwa 15 Minuten vor Ende der Garzeit die Rüben mit einem Stück Alufolie abdecken, damit sie nicht zu braun werden. Inzwischen Mandeln in einer Pfanne ohne Fett rösten, dann grob hacken. Knoblauch schälen. Beten mit Mandeln und Knoblauchzehen pürieren, saure Sahne unterrühren. Mit Salz und Zitronensaft abschmecken. In eine Schale geben und etwas Olivenöl darübergießen. Am besten schmeckt getoastetes Fladenbrot dazu.

SALAT AUS ROTEN ZWIEBELN, GRAPEFRUIT UND CHICORÉE

Zutaten für 2 Personen
2 Orangen, 1 Grapefruit, 1 kleine rote Zwiebel, 1 EL Essig (z. B. Weißweinessig), 2 EL Olivenöl, Salz, Pfeffer, 2 Stauden Chicorée, Salz

Nach Weihnachten und Silvester folgen 3 oder 4 Tage, an denen man geradezu Lust hat, zu hungern und sich gesund zu ernähren. Diese Zeit sollte man nutzen. Ich schlage diesen Salat mit Zitrusfrüchten vor. Er schmeckt nicht nur frisch, etwas scharf und sauer, sondern auch ein bisschen bitter dank Grapefruit und Chicorée – und das Bittere als Geschmack kommt in der Adventszeit ja traditionell zu kurz. Der Salat ist andererseits natürlich auch eine wunderbare Beilage zu, sagen wir, Steak. 2 Nachteile des Gerichts will ich nicht verheimlichen: Er ist so bleich wie meine Winterhaut, nur mit etwas Orange, und blassen Menschen steht Orange bekanntlich überhaupt nicht. Das andere Problem kennen Sie: Es gibt kaum eine nervigere Küchenaufgabe als das Schälen von Zitrusfrüchten. Die Kunst besteht darin, so viel Weiß wie möglich abzuschneiden, ohne die Orange zu zerstören, und manchmal hält man hinterher kein Stück Obst mehr in der Hand, sondern ein formloses tropfendes Etwas.

Die Orangen schälen, das Weiß entfernen (wie gesagt: viel Glück dabei) und die Orangen in Scheiben schneiden. Die Scheiben vierteln. Ebenso mit der Grapefruit verfahren. Die Früchte in eine Salatschale geben. Die Zwiebel schälen, in feine Streifen schneiden, in einem Schälchen mit Essig ungefähr 10 Minuten lang marinieren. Man kann statt einer roten Zwiebel auch eine Schalotte nehmen; eine weiße Zwiebel scheint mir zu scharf. Das Olivenöl zu den Zwiebeln geben, salzen und pfeffern und alles verrühren. Das Ende vom Chicorée entfernen, Chicorée in ungefähr 2 cm dicke Streifen schneiden. Wie Salat waschen und trocknen und zu den Früchten geben. Die Zwiebel-Essig-Mischung darübergießen und alles vermengen.

GRAUPENSALAT MIT ROTER BETE

Zutaten für 4 Personen
300 g Rote Beten, 150 g Graupen, Salz, 1 Handvoll glatte Petersilie,
2 TL Meerrettich (frisch gerieben oder aus dem Glas), 2 TL scharfer Senf,
schwarzer Pfeffer, etwas Olivenöl, Weißweinessig (oder eine andere Sorte),
Pfeffer, ein paar Spritzer Zitronensaft, 150 g Feta (vegetarische Variante)

Rote Bete ist ein Wunder, an dem wir achtlos vorbeigehen. Wie schafft sie es innerhalb der wenigen Monate, in denen sie heranwächst, aus der Erde eine derartige Farbkraft und geschmackliche Intensität zu gewinnen? So schwer ist ihr Aroma, als wäre das kein Saft, der aus ihr herausläuft, sondern echtes Blut. Man kann das Eisen richtiggehend schmecken, von dem sie so viel enthält, als wäre sie wirklich ein Tier. Und süß ist sie auch, sodass manche Schokoladenkuchen damit backen (ich nicht). Ich verarbeite sie zum Salat, der außerdem Graupen enthält. Auch so ein übersehenes Lebensmittel, das durch Hungersnöte gerettet hat, sich für unschön Klingendes wie Schleimsuppen und Grützwurst zur Verfügung stellt und zum Dank Herablassung bekommt: Ungerechter, treuloser Mensch hat nur noch Augen für Pasta. In der Hoffnung, doch noch die Anerkennung eines übersatten, gelangweilten Publikums zu bekommen, führt dieser Salat ein kleines Spektakel auf, sobald man alle Zutaten miteinander verrührt hat: Alles leuchtet in einem hellen Lila. Die Roten Beten werden ungeschält in reichlich Wasser gar gekocht – das dauert je nach Größe 45 bis 60 Minuten. Sobald die Beten so weit abgekühlt sind, dass man sie anfassen kann, werden sie geschält und in 0,5 bis 1 cm große Stücke geschnitten. Die Graupen in leicht gesalzenem Wasser nach Packungsbeilage gar kochen. In einer Salatschüssel mit den Beten vermengen. Gehackte Petersilie untermengen. Meerrettich hineinrühren, ebenso den Senf. Olivenöl und etwas Essig dazugeben, pfeffern, mit Salz und Zitronesaft abschmecken. Zum Schluss den Feta darüberkrümeln. Am besten lässt man den Salat 30 Minuten lang ziehen und würzt dann noch mal nach.

JAPANISCHER WEISSKOHLSALAT

Zutaten für 2 Personen
200 g Weißkohl (die inneren Blätter bevorzugen), ½ Salatgurke,
1 TL Salz, 1 kleine rote Chilischote, etwas Sojasoße

Dies ist ein Rezept für diejenigen, die ihre guten Vorsätze von Silvester nicht schon wieder vergessen haben und sich im neuen Jahr gesund ernähren wollen. Es reicht aber übrigens schon, sich halbwegs gesund zu ernähren. Wenn z. B. eine von drei täglichen Mahlzeiten zum großen Teil aus Gemüse bestünde, hätten viele schon viel gewonnen. Doch einer verbreiteten Meinung nach schließt eine wirklich gute Ernährung ganze Nahrungsmittelgruppen aus. Demnach reicht es nicht, wenig Kuchen zu essen, wenig Würstchen, wenig Tütensuppe – nein, all das muss aus der Küche für immer verschwinden. Und ein Lebensmittel, das als gesund gelten will, muss gleich mehrere gute Eigenschaften aufweisen, also »Superfood« sein, was bedeutet, dass ein Apfel nicht mehr genügt, es sollten Açaí-Beeren sein. Nichts gegen magisches Denken, aber den Sinn einer solchen Ernährung hat mir bislang noch niemand erklären können. Man kann meiner Ansicht nach morgens sehr gut ein Schokocroissant essen, abends diesen scharf angemachten Weißkohlsalat und trotzdem behaupten, man ernähre sich sehr gesund. Das Rezept stammt aus einem Kochbuch mit dem Titel *Japanische Küche für zwei*, das bedauerlicherweise nur noch antiquarisch erhältlich ist. Die Stiele aus den Kohlblättern entfernen. Blätter in schmale Streifen schneiden. Die Gurke in feine Scheiben hobeln. Kohl und Gurke in eine Schüssel geben, mit Salz bestreuen und 30 Minuten oder länger ziehen lassen. Dann die Flüssigkeit mit der Hand aus dem Gemüse pressen. Die Chilischote entkernen, waschen, hacken und zum Kohl-Gurken-Gemisch geben, durchmischen, mit Sojasoße abschmecken. Ich presse manchmal noch 1 kleine rohe Knoblauchzehe und ein bisschen Ingwer dazu, schmeckt auch sehr gut, ist aber wahrscheinlich sehr unjapanisch.

ROSENKOHL AUS DEM OFEN MIT CRANBERRYS

Zutaten für 2 Personen
150 g Tahini, 250 g Rosenkohl, 2 EL Olivenöl, Salz, 10 g Ingwer, 1 kleine Zwiebel, 1 Knoblauchzehe, 100 g getrocknete Cranberrys, 30 g Zucker, etwas Zitronensaft

Kinder geben untereinander das Wissen weiter, dass auf keinen Fall Rosenkohl gegessen werden darf. Es ist verboten. Sobald ein Kind Rosenkohl isst, ist es kein Kind mehr, sondern seine Ottolenghi lesende Mom, die einige Zeit auf Instagram verbringt. Dort hat sie dieses wirklich sehr gute Rosenkohlrezept gefunden, auf einem Account zweier Berlinerinnen, die einen Supperclub haben – »Herrlich Dining«: Man meldet sich an, bekommt eine Adresse, dort findet man sich ein und isst an einem Tisch mit lauter Fremden, die Rosenkohl lieben.

Rosenkohl putzen, die äußeren welken Blätter entfernen. Die Köpfe halbieren, dann auf einem Blech verteilen, 1 EL Olivenöl darübergeben und salzen. Bei 180 °C Umluft ungefähr 15 Minuten lang rösten, bis sie gar sind. Ingwer, Zwiebel und Knoblauch schälen und fein hacken. Mit 1 EL Olivenöl in einem Topf unter Rühren andünsten, bis die Zwiebeln glasig sind. Cranberrys und Zucker hinzufügen. (Wenn die Cranberrys schon gezuckert sind, reduziert man die angegebene Zuckermenge je nach Geschmack.) Falls die Mischung ansetzt, etwas Wasser dazugeben. Salzen. Das Ganze ungefähr 10 Minuten lang unter gelegentlichem Rühren dünsten. Tahini mit 80 ml Wasser in einer hohen Schüssel mit dem Handrührgerät aufschlagen, eventuell etwas mehr Wasser hinzufügen. Die Creme sollte luftig sein, nicht flüssig. Zum Schluss salzen und etwas Zitronensaft hinzufügen. Zum Anrichten die Tahinicreme auf Tellern verteilen, darauf den Rosenkohl setzen, zum Schluss das Cranberry-Chutney.

SUPPE AUS DER TOSKANA MIT BOHNEN, KOHL UND WEISSBROT (RIBOLLITA)

Zutaten für 4 Personen
250 g getrocknete Cannellini-Bohnen, 2 Zwiebeln, 3 Knoblauchzehen, 3 Stangen Staudensellerie, 1 Dose geschälte Tomaten (400 g), Salz, Olivenöl, ¼ kleine Chilischote, 3 Kartoffeln (ca. 250 g), 300 g Grünkohl, 4 Scheiben Weißbrot (am besten vom Vortag)

Herrje, was sind das schon wieder für Zutaten? Bohnen, Kohl und altes Brot? Ja, ich weiß. Früher war mehr Shrimps. Aber es klingt schlimmer, als es ist. Eine Ribollita mag nichts für einen ersten romantischen Abend sein, und ich gebe auch zu, dass sie nicht ganz so adrett aussieht wie auf dem Foto (das kann nur unser Fotograf: Eintöpfe so zubereiten, als wären sie Schönheiten). Aber eine Ribollita ist ein feines Essen an kalten Tagen. Und wenn man mit Grünkohl nicht klarkommt, kann man auch versuchen, den typisch italienischen Schwarzkohl (Cavolo nero) aufzutreiben. Er schmeckt feiner und weniger kohlig.
Bohnen über Nacht in Wasser einweichen, abgießen. 1 Zwiebel schälen und in Streifen schneiden, 1 Knoblauchzehe schälen und halbieren, Sellerie putzen, waschen in Scheibchen schneiden. Alles zusammen mit den Bohnen sowie den Tomaten (samt Saft) in 1,2 l kaltem Wasser aufsetzen. Salzen und etwas Olivenöl hinzufügen. Das Ganze aufkochen, auf mittlere Hitze herunterschalten und ungefähr 1 Stunde lang bei geschlossenem Deckel simmern lassen, bis die Bohnen weich sind. Von dieser Mischung die Hälfte abzweigen und pürieren. In der Zwischenzeit die verbliebene Zwiebel schälen, fein schneiden. 1 Knoblauchzehe schälen und mit der flachen Seite des Messers andrücken. Kartoffeln waschen, schälen und klein würfeln. Die Grünkohlblätter waschen, von den harten Stielen zupfen, eventuell kleiner reißen. In einem anderen Topf Zwiebeln, angedrückte Knoblauchzehe und Chilischote in Öl anschwitzen. Kartoffeln und Grünkohl hinzufügen. 2 Kellen vom Bohnenkochwasser dazugießen. Alles ungefähr 15 Minuten lang bei geschlossenem Deckel dünsten. Die pürierten Bohnen zum Grünkohl geben. Dann auch die nicht pürierten Bohnen unterrühren, sodass eine dicke Suppe entsteht. Abschmecken mit Salz und Olivenöl. Schließlich Weißbrot in mundgerechte Stücke reißen, in einer Pfanne in etwas Olivenöl zusammen mit einer geschälten, angedrückten Knoblauchzehe knusprig braten. Weißbrotstücke auf Schüsseln verteilen, die Suppe darübergeben.

LASAGNE MIT SCHWARZKOHL

Zutaten für 4 Personen

Für die Béchamelsoße:
30 g Mehl, 40 g Butter, 500 ml Milch, Salz, Pfeffer

Für die Lasagne:
300 g Schwarzkohl (oder Grünkohl), etwas Olivenöl, 2 Knoblauchzehen,
12 Lasagneblätter, 1 Kugel Mozzarella (ca. 125 g),
100 g frisch geriebener Parmesan (vegetarische Variante)

Immer wenn ich Mehlschwitze zubereite, fürchte ich, Siebecks Geist betritt sogleich meine Küche, um zu wehklagen und mich zu beschimpfen. Er würde sagen: Habe ich nicht mein ganzes Leben dafür hingegeben, den Deutschen diese Art von Plumpsküche auszutreiben? Haben Sie gar nichts von mir gelernt, Sie Frauenzimmer? Ja, tut mir leid, müsste ich erwidern, aber was ist mit Lasagne? Da gehört Mehlschwitze rein, eine Béchamelsoße. Und Lasagne schmeckt wunderbar. Neulich habe ich die Béchamelsoße mit Vollkornmehl zubereitet, weil ich kein Weißmehl mehr hatte. Ein Frevel, der ganz okay geschmeckt hat. Siebecks Geist ist nicht erschienen, ich denke, er hat Besseres zu tun. Diese Lasagne wird mit Schwarzkohl zubereitet, aber wenn man den nicht findet, kann man auch Grünkohl nehmen. Man beginnt mit der Soße. Mehl und Butter unter Rühren in einem Topf ungefähr 2 Minuten lang auf mittlerer Hitze erwärmen. Dann Milch hinzugießen. Salzen und pfeffern, die Soße bei schwacher Hitze 10 bis 12 Minuten lang eindicken lassen, regelmäßig rühren und darauf achten, dass sie nicht am Boden ansetzt. Für die Lasagne Kohl waschen, Blätter von den Stielen ziehen, in Streifen schneiden. In einer großen Pfanne in Olivenöl 2 zerdrückte Knoblauchzehen schwenken, Kohlblätter hinzufügen, salzen, die Pfanne mit Deckel schließen. Kohl ungefähr 10 Minuten lang dünsten, ab und zu umrühren. Zum Schluss die Knoblauchzehen entfernen (falls man sie noch findet). Den Backofen auf 180 °C Umluft vorheizen. Den Boden einer Auflaufform (etwa 22 × 36 cm) mit ⅓ der Béchamelsoße bedecken. Darauf ungefähr 4 Lasagneblätter legen (je nach Größe der Auflaufform). Leicht andrücken. Auf den Pastablättern die Hälfte des Kohlgemüses verteilen sowie die Hälfte der mit den Fingern zerrupften Mozzarellakugel. Das zweite Drittel der Béchamelsoße darübergießen. Es folgt eine Schicht Lasagneblätter, die man wieder etwas andrückt und auf denen man den restlichen Kohl, Mozzarella und die übrige Béchamelsoße verteilt. Mit Lasagneblättern abschließen, noch mal vorsichtig festdrücken, darauf Parmesan verteilen. Kurzum: Man schichtet die Zutaten zu einer Lasagne; in Wirklichkeit ist es viel leichter, als es aufgeschrieben klingt. Lasagne im heißen Ofen 30 bis 35 Minuten garen.

CHICORÉE-TARTE MIT ORANGENSIRUP

Zutaten für 3 Personen
1 Bio-Orange, 6 Chicorée (nicht zu klein), etwas Olivenöl, 80 g Puderzucker, 80 ml Wasser, 60 g Butter, ¼ TL Salz, 1 TL Thymianblättchen, 500 g Blätterteig (aus dem Tiefkühlfach)

Wenn man wie wir Norddeutschen im Winter lange genug ohne Licht lebt, fängt man an, es zu scheuen. Wie ein Chicorée unter seiner Papierplane im Gemüseregal lagern wir bis März lichtgeschützt unter der Bettdecke. So schön dunkel hier. Gut für uns und für Chicorée, dass es Orangen gibt, die leuchten, als wüssten sie gar nicht, was ein Winter ist. Dieses Rezept wurde ersonnen in der Restaurantküche des Chalet Cannelle, das in den französischen Alpen liegt. Der süße Saft der Orange wird zu einem buttrigen Karamell eingekocht, der den ins Licht blinzelnden, bleichen Chicorée fröhlich in den Arm nimmt. Zesten von der Orange abreiben, Saft auspressen, beiseitestellen. Chicorée der Länge nach halbieren, in einer Pfanne Olivenöl erhitzen, Chicorée darin mit der Schnitthälfte nach unten scharf anbraten, sodass sie etwas Farbe annehmen. Aus der Pfanne nehmen und beiseitestellen. In einer ofenfesten Pfanne Puderzucker in Wasser erhitzen, sodass dieser sich auflöst. Dabei gut rühren. Wenn er beginnt, sich dunkel zu färben, gibt man die Butter dazu. Weiterrühren. Den Orangensaft hineinrühren sowie das Salz. Die Flüssigkeit einkochen lassen, bis ein dünner Sirup entstanden ist. Orangenabrieb und Thymian einrühren. Jetzt die angebratenen Chicorée mit der Schnittfläche nach unten in der Pfanne anordnen (das Muster ist dabei egal). Blätterteig ausrollen und damit die Chicorée bedecken. Den Rand an der Pfanne festdrücken. Mit der Gabel den Teig mehrmals einstechen. Bei 180 °C Umluft ungefähr 50 Minuten lang backen. Dazu passt z. B. ein grüner Salat.

GEFÜLLTER KÜRBIS MIT ESSKASTANIEN

Zutaten für 2 Personen
1 kleiner Hokkaidokürbis, Olivenöl, Salz, 2 Lorbeerblätter,
1 Zwiebel, 150 g vorgekochte Maronen, 1 Birne, 1 EL Wermut,
100 g Brioche, 50 g Gorgonzola (vegetarische Variante)

Wenn man einen Kürbis aushöhlt und eine Füllung hineinstopft, fühlt es sich fast so an, als wäre der Kürbis ein kleines, rundliches, orangefarbenes Tier, das gleich in den Ofen soll. Wie ein Hühnchen liegt er in der Hand. Ich gebe zu, dass ich es manchmal feierlich finde, in der Küche ein totes Tier zuzubereiten, aber ich weiß natürlich, dass viele genau das Gegenteil empfinden, nämlich Abscheu, Empörung. Deshalb lasse ich die Huhn-Vergleiche lieber sein und sage einfach: Das ist ein üppiges, cremiges, duftendes Gericht, weihnachtlich und ganz ohne Fleisch. Kürbis quer durchschneiden, und zwar so, dass das obere Viertel einen Deckel bilden kann. Die Kerne mit einem Löffel gründlich herauslösen und entsorgen. Den Kürbis von innen und außen mit Olivenöl anpinseln, salzen, 1 Lorbeerblatt hineinlegen. Den Kürbisdeckel darauflegen, Kürbis in eine Auflaufform stellen. Ungefähr 50 Minuten lang bei 190 °C Umluft garen. Aus dem Backofen nehmen und beiseitestellen. Während der Garzeit die Füllung vorbereiten: In etwas Olivenöl die fein geschnittene Zwiebel glasig dünsten. Esskastanien vierteln, dazugeben. Birne schälen und in kleine Würfel schneiden, ebenfalls dazugeben. Mit Wermut ablöschen. Das zweite Lorbeerblatt hinzufügen, die Brioche in kleine Stücke reißen und dazugeben. Das Ganze einige Minuten lang garen. Zum Schluss Gorgonzola würfeln, unter die Füllung heben. Füllung in den Kürbis geben, noch mal 5 Minuten im heißen Ofen durchziehen lassen.

WEIHNACHTSKEKSE

Zutaten für 1 Blech
125 g Mehl, 75 g Buchweizenmehl, 1 Msp. Backpulver, 1 Prise Salz,
5 g gemahlenes Lebkuchengewürz, 130 g brauner Zucker, 1 Ei, 1 EL Milch,
100 g kalte Butter, etwas weißer Zucker (zum Bestreuen)

Manchmal verhalte ich mich immer noch wie ein Kind, das seinen Erziehungsberechtigten entkommen ist. Ich gehe zu spät ins Bett, ich lese im Auto auf der Rückbank, bis mir schlecht wird, und ich esse in großen Mengen rohen Keksteig, woraufhin ich natürlich Bauchschmerzen bekomme. Ich mache es immerhin nur, wenn keine Kinder anwesend sind. Kindern und auch Ihnen, meinen Leserinnen und Lesern, sage ich: Rohe Eier enthalten Salmonellen, und rohes Mehl könnte mit krank machenden Bakterien verunreinigt sein, die erst durch Erhitzung sterben. Allerdings hoffe ich für Sie, dass Sie meine Warnungen ignorieren, wenn Sie diese Kekse backen. Die Anregung zum Rezept stammt von einem kleinen Rezepte-Blog, das sich *La Pâticesse* nennt und allerfeinste Backrezepte vorschlägt. Aus Gründen der Faulheit musste ich bei diesem hier manches vereinfachen. Die beiden Mehlsorten mit Backpulver, Salz und Lebkuchengewürz in eine Schüssel durchsieben. Die übrigen Zutaten vorbereiten: Falls Klümpchen im Zucker sind, diese mit der Hand zerkleinern. Ei mit Milch verrühren, kalte Butter in Würfel schneiden. Die Butterwürfel in die Mehl-Gewürz-Mischung kneten, bis eine feine, krümelige Masse entsteht. Zucker und Ei-Milch-Mischung dazugeben und schnell zu einem geschmeidigen Teig verarbeiten, nicht zu lange kneten. Den Teig zu einer fingerdicken Platte formen und in Frischhaltefolie gewickelt für 2 Stunden kühlen. Dann den Teig auf einer bemehlten Arbeitsfläche dünn ausrollen und die Kekse ausstechen. Auf ein mit Backpapier belegtes Backblech legen. Mit ein wenig Wasser bepinseln, dann mit Zucker bestreuen. Ungefähr 7 Minuten lang bei 180 °C Ober-/Unterhitze backen. Kekse verbrennen schnell – nicht aus den Augen lassen.

Nicht allzu gesunde Birnen

VEGANE BIRNEN-SCHOKO-TARTE

Zutaten für 1 Springform mit Ø 25 cm

Für den Teig:
260 g Mehl, 130 g weißes Mandelmus, 40 g Zucker, 1 Prise Salz

Für den Belag:
100 g weißes Mandelmus, 75 g Zucker, 120 g gemahlene Mandeln, 1 TL Mehl, ein wenig Salz, 2 TL gemahlene Vanille oder Mark von 1 Vanilleschote, 80 g dunkle Schokolade, 4 große reife Birnen, etwas Sonnenblumenöl zum Einfetten der Form

Anfang des Jahres sehe ich um mich herum die guten Vorsätze sterben. Nichts für ungut, aber das scheint mir der richtige Moment, hier einen veganen Kuchen vorzuschlagen. Keine Sorge, er schmeckt sehr gut. Und außerdem ist dieser Kuchen gar nicht so gesund, denn als Kuchen, der er nun mal ist, enthält er recht viel Zucker. Das Rezept will also nur ganz sanft daran erinnern, was man vielleicht besser machen will: ein bisschen gesünder leben, zumindest manchmal den Planeten schonen, aber dabei nicht auf alles Süße verzichten. Für den Teig Mehl, Mandelmus, Zucker und 1 Prise Salz in eine Schüssel geben und mit den Händen verkneten, sodass eine krümelige Masse entsteht. Dann etwa 2 EL Wasser dazugeben und das Ganze glatt kneten – erstaunlicherweise schmeckt dieser Teig so gut wie gewöhnlicher roher Kuchenteig, und das sage ich als Fachjournalistin für rohen Kuchenteig. Falls der Teig zu trocken erscheint, esslöffelweise mehr Wasser dazugeben. Zu einer Kugel kneten, in Frischhaltefolie einwickeln und 30 Minuten lang im Kühlschrank ruhen lassen. Dann schon mal den Backofen auf 180 °C Umluft vorheizen. Für den Belag Mandelmus, Zucker, gemahlene Mandeln, Mehl, Salz und Vanille verrühren. Die Schokolade schmelzen und dazugeben. Teig aus dem Kühlschrank nehmen. Den Boden der Springform mit Backpapier auslegen, die Ränder mit etwas Sonnenblumenöl einfetten. Teig hineindrücken, einen 1,5 cm hohen Rand formen. Die Mandel-Schokoladen-Mischung gleichmäßig darauf verteilen. Jetzt die Birnen vorbereiten: schälen, längs in Hälften schneiden und das Gehäuse vorsichtig entfernen, ohne dass die Birnenhälfte auseinanderbricht. Mit der Schnittfläche nach unten auf ein Schneidbrett legen, längs in dünne Streifen schneiden. Birnen auf den Belag setzen, dabei am besten kreisförmig anordnen, mit der dünnen Spitze in die Mitte zeigend. Tarte im heißen Ofen 40 Minuten lang backen.

ÜBER DIE AUTORIN

Elisabeth Raether, geboren 1979 in Heidelberg, studierte in Berlin und Paris und arbeitete in einem Hamburger Buchverlag, bevor sie 2009 bei der ZEIT anfing. Für das ZEITmagazin entwickelte sie die kulinarischen Kolumnen »Wochenmarkt« und »Die trinkende Frau«, die ebenso erfolgreich als Sammelbände erschienen sind. Elisabeth Raether lebt in Berlin.

REGISTER

Bibliografische Information der Deutschen Nationalbibliothek
Die Deutsche Nationalbibliothek verzeichnet diese Publikation in der Deutschen Nationalbibliografie.
Detaillierte bibliografische Daten sind im Internet über https://dnb.de abrufbar.

Für Fragen und Anregungen
info@m-vg.de

Wichtiger Hinweis
Ausschließlich zum Zweck der besseren Lesbarkeit wurde auf eine genderspezifische Schreibweise sowie eine Mehrfachbezeichnung verzichtet. Alle personenbezogenen Bezeichnungen sind somit geschlechtsneutral zu verstehen.

Originalausgabe
3. Auflage 2026

Türkenstraße 89
80799 München
Tel.: 089 651285-0

Herausgeber: Zeitverlag Gerd Bucerius GmbH & Co. KG, Hamburg
Redaktion: Stephanie Kaiser-Dauer
Umschlaggestaltung: Isabella Dorsch
Umschlagabbildung und Abbildungen im Innenteil: Silvio Knezevic
Satz: Verena Koch
Druck: Florjancic Tisk d.o.o., Slowenien
Printed in the EU

ISBN Print 978-3-7423-2494-8
ISBN E-Book (PDF) 978-3-7453-2268-2
ISBN E-Book (EPUB, Mobi) 978-3-7453-2269-9

Weitere Informationen zum Verlag finden Sie unter
www.rivaverlag.de
Beachten Sie auch unsere weiteren Verlage unter www.m-vg.de